Grüß Gott!

Alcmona, das liebliche, langsam fließende Wasser, nannten die Kelten die Altmühl. Und bis heute charakterisiert dies hervorragend den Fluss. Von ihrem Ursprung im Hornauer Weiherbis zur Mündung in die Donau überwindet die Altmühl auf ca. 225 km lediglich einen Höhenunterschied von 120 m. Sie fließt in großen Schleifen zunächst als Bach, dann als stiller Fluss durch eine friedliche Landschaft.

IMMER AM FLUSS ENTLANG

Ideale Voraussetzungen für Radfahrer, Wanderer und Paddler also. Offiziell startet der Altmühltalradweg in Rothenburg ob der Tauber – daher beginnt dort auch dieser DuMont Bildatlas. Paddler steigen weiter flussabwärts ein: Zwischen Gunzenhausen und Kelheim ist die Altmühl mit dem Boot befahrbar (S. 95). Und Wanderer? Der Altmühltal-Panoramaweg führt in 15 Etappen über 200 km von Gunzenhausen bis Kelheim. Wenn Sie mit geringeren Distanzen beginnen wollen, lege ich Ihnen den Mühlenweg ans Herz. Barbara Rusch hat ihn für Sie getestet und war begeistert (S. 59).

ENTSCHLEUNIGUNG UND GENUSS

Ideen für Entspannung und Wellness oder einfach »Balsam für die Seele« haben wir als »Unsere Favoriten« für Sie zusammengetragen (S. 22). Ob Sie an einem Meditationskurs im Kloster Dietfurt teilnehmen, ein Bierbad in der Therme genießen oder aber schlicht Wasser treten – bei allen Aktivitäten werden Sie die Hektik des Alltags hinter sich lassen: Gönnen Sie sich eine Auszeit an der Altmühl.

Herzlich

Ihre

Birgit Borowski

Birgit Borowski
Programmleiterin DuMont Bildatlas

Barbara Rusch, studierte Ethnologin und Reisejournalistin, kennt das Altmühltal seit ihrer Kindheit. Fotograf Ernst Wrba hat besonders die Begegnung mit dem letzten Donaufischer beeindruckt.

96
Im Unteren Altmühltal verstärkt die Donau die Flussidylle.

Altes Brauhandwerk schließt Modernes keineswegs aus: Die Brauerei Kuchlbauer in Abensberg schmückt sich mit einem Hundertwasser-Turm.

55

Die Fürstbischöfe sorgten für barocke Pracht in ihrer Residenz Eichstätt.

76

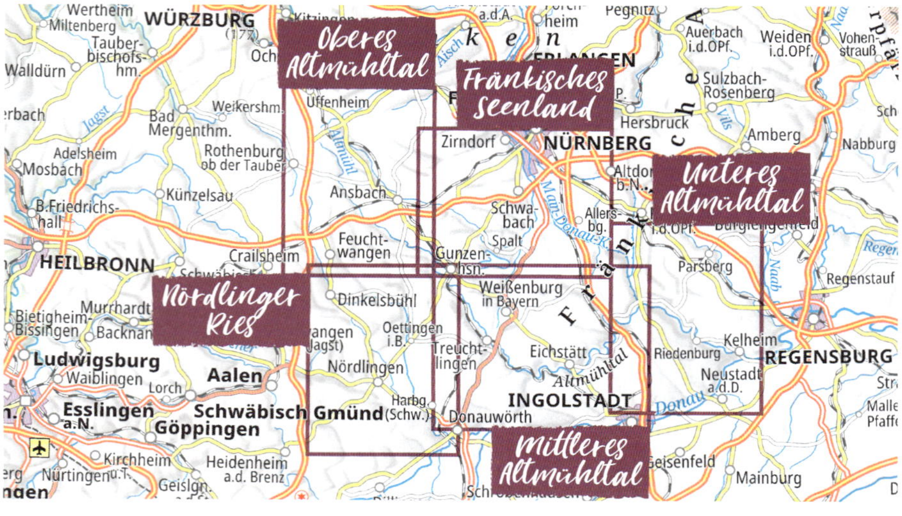

33
Tage der Lebensfreude: die Rokoko-Festspiele in Ar

Unsere Favoriten

Das Beste erleben

Berührend, aufregend und spannend ...
sind unsere Ideen, die wir für Ihren Aufenthalt
im Altmühltal zusammengetragen haben.

Städtische Pracht

* 1 *

ROTHENBURG OB DER TAUBER

Die alte Reichsstadt ist der Inbegriff der Romantik – und ein Besuchermagnet.
Seite 39

* 2 *

ANSBACH

Die Altstadt mit der Rokoko-Residenz zeigt das Gesicht einer markgräflichen Hauptstadt des 18. Jahrhunderts.
Seite 40

* 3 *

NÖRDLINGEN

Den mittelalterlichen Kern der Riesstadt kann man vollständig auf der Stadtmauer umrunden.
Seite 73

* 4 *

NEUBURG AN DER DONAU

Patrizierhäuser und ein prächtiges Schloss bezaubern mit Barock- und Renaissance-Architektur.
Seite 94

Streng katholisch

* 5 *

WEMDING

Maria Brünnlein gehört zu den bedeutendsten Wallfahrtsorten Bayerns.
Seite 75

* 6 *

EICHSTÄTT

In die Hauptstadt des Altmühltals brachten die Fürstbischöfe barocken Glanz. Heute sorgt die Universität für frischen Wind.
Seite 94

Spannende Vergangenheit

* 7 *

RÖMERMUSEUM WEISSENBURG

Das Museum hütet Schätze zum Anfassen, im Kastell Biricana geht die Zeitreise am Limes weiter.

Seite 93

* 8 *

SOLNHOFER HOBBYSTEINBRUCH

Wer auf Fossiliensuche gehen möchte, kann hier mit Hammer und Meißel sein Glück probieren.

Seite 94

* 9 *

DINOSAURIER MUSEUM ALTMÜHLTAL

Zum „Jurassic Park“ von Denkendorf gehört auch das mächtige Skelett von T-Rex „Rocky“.

Seite 95

* 10 *

BURG PRUNN

In der rund 1000 Jahre alten Bilderbuchburg können nicht nur Kinder das Ritterleben hautnah kennenlernen.

Seite 112

Wunderbare Natur

* 11 *

VOGELINSEL IM ALTMÜHLSEE

In dem malerischen Naturschutzgebiet ist der Seeadler der König, in seinem Reich leben mehr als 300 Vogelarten.

Seite 57

* 12 *

GUNGOLDINGER WACHOLDERHEIDE

Hier halten Schafe und Ziegen die Flächen für Orchideen, Enziane und Silberdisteln frei.

Seite 95

* 13 *

DONAUDURCHBRUCH

An der Weltenburger Enge zwängt sich die Donau zwischen rund 80 Meter hohe Felswände. Gleich anbei: Kloster Weltenburg

Seite 113

AM LIEBLICHEN FLUSS

Alcmona, das „liebliche, langsam fließende“ Wasser, nannten die Kelten die Altmühl. Auf ihrem Weg von der Frankenhöhe zur Donau schlängelt sich der Fluss gemächlich durch traumschöne Landschaften, vorbei an Wäldern und duftenden Wiesen, durch das Fränkische Seenland und die steilen Formationen des Jura. Kurz bevor er die Donau erreicht, ist er – wie hier bei Eggersberg – zugleich Teil des Main-Donau-Kanals.

GEWACHSENE KULTURLANDSCHAFT

Die Trockenrasen und Wacholderheiden an der Altmühl sind alte Kulturlandschaften und zählen zu den artenreichsten Lebensräumen Europas. Seit Jahrhunderten lassen Schäfer dort ihre Herden weiden (hier bei Eichstätt). Dank der Schafe und Ziegen verbuschen die Gebiete nicht, sondern bieten Platz für lichtliebende Pflanzen und eine Unzahl von Insekten.

MARIEN-APOTHEKE

ROMANTISCHE ZEITZEUGEN

Oben auf der Frankenhöhe plätschert die idyllische Altmühlquelle, gleich unterhalb entführt das romantische Rothenburg ob der Tauber rund um Herterichsbrunnen und das gotische Rathaus auf eine Zeitreise ins Mittelalter. Zwischen Rothenburg und Kelheim, Ansbach und Neuburg liegen links und rechts der Altmühl Dutzende Städte und Ortschaften, deren schöne historische Kerne Geschichte atmen.

GELD, MACHT UND KUNST

Den Prunksaal von Schloss Ratibor in Roth ließ der Fabrikant Wilhelm von Stieber kurz vor 1900 im Stil der Renaissance ausgestalten. Er steht in einer langen Reihe Reicher und Mächtiger, die architektonische Visionen verwirklichten, ob als barocker Traum wie im Deutschordensschloss Ellingen oder in opulentem Rokoko wie in der Residenz in Ansbach.

ATQVE IBI INTERDIV QVIDEM TEXEBAT MAGNAM TELAM·
·PENELOPE SE LAVANS·

ABENTEUER AM FLUSS

Das Altmühltal ist das Revier von genusspaddelnden Kanuten, von Wanderern und Radfahrern, die auf angenehmen Wegen unterwegs sind – und von Kletterern, die ihre Grenzen wie hier am berühmten Burgsteinfelsen bei Dollnstein ausloten. Im Fränkischen Seenland wird vom Kitesurfen bis Wakeboarden Wassersport großgeschrieben, den Adrenalinspiegel treiben Ziplining und Klettergärten in die Höhe.

NEANDERTALER, KELTEN UND CHRISTEN

In dieser seit Urzeiten besiedelten Region schlugen sich kulturelle Veränderungen häufig früh nieder. Wo Altmühl und Donau aufeinander zufließen, lebten Neandertaler und vor 7000 Jahren Ackerbauern, verhütteten Kelten Eisen und bauten Römer Kastelle. Direkt am Donaudurchbruch bei Weltenburg steht seit rund 1400 Jahren das gleichnamige Kloster. Bayerns älteste Abtei besitzt zugleich die älteste aktive Klosterbrauerei der Welt.

Alma - Viktor

WASSER VERBINDET

Eine Wasserstraße vom Schwarzen Meer zur Nordsee – diesen uralten Traum erfüllt der Main-Donau-Kanal seit 1992. Einen ersten Anlauf nahm Karl der Große mit der Fossa Carolina. Gut tausend Jahre später führte der Ludwig-Main-Donau-Kanal über die große Wasserscheide. Heute ist er aufgelassen, doch auf dem alten Treidelschiff Alma Viktoria kann man bei Berching noch immer gemütlich auf dem „Alten Kanal" schippern.

Die besten Tipps zur Entschleunigung

BALSAM FÜR DIE SEELE

Die gemächliche Altmühl macht es vor: Langsamkeit ist schön und führt zum Ziel. Ob man seine Kreativität pflegt, spirituell die Hektik des Alltags hinter sich lässt oder mit der Kraft des Wassers kurze Auszeiten nimmt – das Angebot ist breit und vielfältig.

2

1

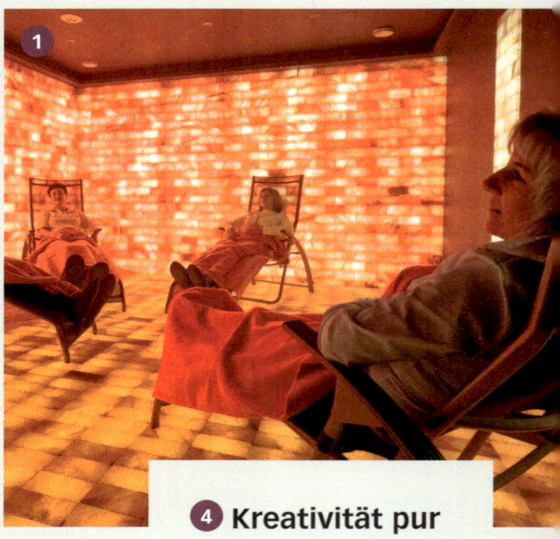

1 Bierbad in der Therme

10 000 Jahre alt ist das gesunde, mineralreiche Thermalwasser, das aus 800 Meter Tiefe in die Becken der Altmühltherme sprudelt. Mit einer Wasserfläche von über 3200 Quadratmetern zählt sie zu den größten Thermalbädern in Deutschland. Hier kann man ab- und eintauchen, Bahnen ziehen, Salzluft schnuppern, sich massieren lassen und – typisch Altmühltal – Bierbäder nehmen.

Altmühltherme Treuchtlingen, Bürgermeister-Döbler-Allee 12
Tel. 09142 9 60 20
91757 Treuchtlingen
www.altmuehltherme.de
tgl. 9.00–21.00 Uhr

2 Ruhe und Stille finden

Wenn man das Meditationshaus des Franziskanerklosters aus dem 17. Jahrhundert betritt, wird die Stille mit beiden Händen greifbar. Ruhe senkt sich herab, und eigentlich möchte man nur noch dasitzen und auf den Zen-Garten schauen. „Möge dies ein Ort sein, wo die Menschen unserer Zeit finden, was sie so sehr suchen: Stille, Verinnerlichung, Gott!" steht auf dem Pergament, das bei seiner Grundsteinlegung eingemauert wurde. Seit 1977 wird dort die Idee von Pater H. M. Enomiya Lassalle S.J. verwirklicht, in einem christlichen Kloster Zen-Meditation mit dem christlichen Glauben zu vereinen. Seitdem haben Tausende an den Kursen teilgenommen, neben Meditation in Ikebana, Qi Gong, T'ai Chi Ch'uan, Sakralem Tanz, Musikmeditation und Nuad Phaen Boran, einer traditionellen Form der Thai-Massage.

Franziskanerkloster
Dietfurt, Klostergasse 8
92345 Dietfurt
Tel. 08464 65 20
www.meditationshaus-dietfurt.de

3 Wasser treten

Wasser erfrischt, tut gut und kann heilen – Pfarrer Kneipp hat diese Erkenntnis in seiner Hydrotherapie umgesetzt. Unterwegs im Altmühltal, laden häufig Kneippanlagen, Becken und Bäche zum Wassertreten ein, zum Beispiel in Herrieden, Kelheim, Wolframs-Eschenbach und Riedenburg. In Dietfurt kann man gleich neben dem Barfußweg in der Stadtlaber die Kraft des Wassers spüren.

Barfuß- und Wasserweg
Labergasse
92345 Dietfurt
www.dietfurt.de

4 Kreativität pur

Seit rund 40 Jahren veranstaltet Neuburg im Juli und August die Sommerakademie. Das Programm richtet sich an Anfänger ebenso wie Profis und reicht von Bildender Kunst mit Malerei, Zeichnen, Bildhauerei über Tanz bis zur Musik mit Jazz und Pop, Klassik und Alter Musik. Spezielle Kurse für Kinder und Jugendliche bieten einen Einstieg in die Welt der Kunst. Krönender Abschluss: die „Lange Akademienacht", zu der sich die Ateliers für alle öffnen und Theater und Konzerte aufgeführt werden.

Sommerakademie
Rathaus, Karlsplatz A 12
Tel. 08431 5 52 34
86633 Neuburg an der Donau
www.sommerakademie-neuburg.de

5 Zu den Kirchen der Wallfahrer

Der rund 130 Kilometer lange „Wallfahrerweg Altmühltal" führt in sieben Etappen zu Kapellen, Kirchen, Klöstern und Wallfahrtsstätten in der traumhaften Altmühl-Jura-Region. Start ist St. Sebastian bei Breitenbrunn, Endpunkt Wemdings Maria Brünnlein aus dem 18. Jahrhundert, eine der bedeutendsten Marienwallfahrtskirchen und schönsten Barockkirchen Süddeutschlands.

Wegbeschreibung und GPX-Datei: Informationszentrum Naturpark Altmühltal, Notre Dame 1
85072 Eichstätt
Tel. 08421 9 87 60
www.naturpark-altmuehltal.de

6 Entspannen am Limes

Mineralstoffreiches Thermalwasser aus knapp 500 Meter Tiefe vitalisiert und entspannt in der Bad Gögginger Limes-Therme, einer 3500 Quadratmeter großen Wasserlandschaft mit Innen- und Außenbecken. Hinzu kommt die Römer-Saunawelt in einem nachgebauten Limes-Turm mit römischem Badehaus, Salzgrotte, Wellness, Massagen und Spezialbädern – zum Beispiel ein Hopfen-Aromabad.

Limes-Therme
Am Brunnenforum 1
93333 Bad Gögging
Tel. 09445 2 00 90
www.limes-therme.de

7 Genuss aus dem Kloster

Dieses Kloster ist ein Genussort in vielerlei Hinsicht. Es betreibt Bio-Landwirtschaft und lässt sein Bier nach eigenem Rezept brauen; zum Glück gibt's einen Klosterladen und eine Schenke. Ökologie, Gesundheit, Spiritualität und Kreativität sind auch die Themen des Kursangebots: Malen, Fotografieren, Wildkräuter, meditatives Wandern – Auszeit für Körper und Geist, auch als Klosterbewohner auf Zeit.

Benediktinerabtei Plankstetten, Klosterplatz 1
92334 Berching
Tel. 08462 20 60, www.kloster-plankstetten.de

8 Wildkräuter-Kochkurs

Zurück zur Natur: Wildkräuter sind nicht nur ein Augen-, sondern auch ein Gaumenschmaus – wenn man sie nur kennen würde. Beim Wildkräuter-Kochkurs geht's unter Anleitung zum Sammeln in die „freie Wildbahn" bei Eichstätt, man lernt alles über Kräuter in der Küche und bereitet ein Vier-Gänge-Menü zu. Wohlschmeckender Balsam für die Seele!

Eichstätt, Informationszentrum Naturpark Altmühltal (siehe Favorit Nr. 5)

9 Ökumenisch pilgern

Von Heidenheim bis Eichstätt folgt der 72 Kilometer lange „Ökumenische Pilgerwanderweg" in vier Etappen den Heiligen Willibald, Wunibald, Walburga und Sola, die im 8. Jahrhundert aus Südengland kamen und in der Region missionierten. Der landschaftlich sehr schöne Weg schafft auch eine Verbindung zwischen den beiden Jakobswegen im Fränkischen Seenland: Nürnberg–Oettingen und Nürnberg–Eichstätt.

Informationszentrum Naturpark Altmühltal (siehe Favorit Nr. 5)

APOTHEKE

Oberes Altmühltal

*

IMMER MIT DER RUHE

*

In Rothenburg ist die ganze Welt zu Besuch, doch von der Geschäftigkeit in der Nachbarschaft lässt sich die obere Altmühl nicht anstecken. Auf ihrem Weg zur Donau schlängelt sie sich träge durch eine sanfte Landschaft mit duftenden Wiesen, Burgen und mittelalterlichen Städtchen. Den Kontrapunkt setzt das quirlige Ansbach mit seinem Faible für Musik und moderne Kunst.

Die Hohenzollern verwandelten Ansbach (im Bild der Martin-Luther-Platz) ab 1456 zu einer blühenden Residenzstadt.

Eine herrliche Renaissancefassade ziert das Rathaus von Rothenburg ob der Tauber. Sein Turm bietet die beste Aussicht auf die Altstadt. Links schließen das Jagstheimer Haus (1464) und das „Fleisch- und Tanzhaus" mit seinem roten Fachwerkgeschoss (1483) an.

Direkt ob(erhalb) der Tauber liegt Rothenburg im grün-braunen Patchwork der Felder und Äcker. Streng genommen gehört die einst bedeutende Reichsstadt nicht zum Altmühltal, aber die Radfahrer auf dem Altmühltalradweg wissen es besser. Sie lassen sich die reizende Berühmtheit nicht entgehen und die Tour zur Donau einfach an der Tauber beginnen.

»... EIN MIT RINGMAUERN UMGEBENES GOTHISCH SCHWÄBISCHES NESTLEIN, VOLL JUWELEN ALTER ARCHITEKTUR.«

Carl Spitzweg über Rothenburg

EINE ECHTE DISNEY-SCHÖNHEIT

Dass in Rothenburgs Silhouette noch immer 46 Türme in den Himmel zeigen, hat es dem Wein zu verdanken, der an den Steilhängen der Tauber Sonne tankt. Als die reiche Stadt im Dreißigjährigen Krieg von Tillys Truppen belagert wurde, versprach der General, sie zu verschonen, wenn ein Rothenburger einen Krug mit 13 Schoppen Wein (über drei Liter) in einem Zug leeren könne. Bürgermeister Nusch gelang dies mit seinem „Meistertrunk", der heute alljährlich mit einem Riesenfest gefeiert wird. Und Wein wird natürlich noch immer getrunken, in Weinstuben und im Umland in den Besenwirtschaften der Weingüter. Nach dem Dreißigjährigen Krieg aus dem großen Spiel um Macht und Geld geworfen, hat Rothenburg sein Gesicht seitdem kaum verändert und ist heute mit seinem geschlossenen historischen Stadtbild die gefeierte Schönheitskönigin an der Romantischen Straße. Für Carl Spitzweg, der Mitte des 19. Jahrhunderts als einer der ersten Touristen in Rothenburg malte, war die Stadt „ein mit Ringmauern umgebenes gothisch schwäbisches Nestlein, voll Juwelen alter Architektur". Heute sorgt die kleine Stadt professionell für rund zwei Millionen Besucher, die jedes Jahr durch ihre malerischen Gassen bummeln. Man lebt gerne und gut mit den Gästen aus aller Welt, für die Rothenburg der Inbegriff der deutschen Romantik ist. Selbst Walt Disney ließ sich inspirieren: Rothenburg diente als Vorbild für die Stadt, in der sein Pinocchio lebte.

DIE QUELLE DER LANGSAMKEIT

Eine Radelstunde von Rothenburg entfernt ist auf der Frankenhöhe der Szenenwechsel markant. Von Kunst und Architektur keine Spur, nur ein paar rätselhafte uralte Gedenksteine stehen in den Forstfluren, die so wunderbare Namen wie „Hochmutsbrunn", „Alter Mann" und „Schauersruh" tragen. Hier, mitten im Wald, ist auf dem Bayernatlas der Landesregierung der Altmühlursprung an einem Zulauf des Hirschteichs eingezeichnet – obwohl doch der Abfluss des Hornauer Weihers seit 1904 als offizielle Quelle gilt. Damals entschied das

Eines von vielen berühmten Motiven von Rothenburg ist das Plönlein mit dem Sieberstor und dem schmalen Fachwerkhaus. „Plönlein" leitet sich von „Plänlein" ab und heißt so viel wie „ebener Platz".

Hinter jeder Ecke gibt's was Neues zu entdecken. Die Hafengasse führt zum Markusturm mit dem Röderbogen.

Wer Glück hat, ergattert einen Platz im Freien, etwa vor der Altfränkischen Weinstube.

Südöstlich von Rothenburg ob der Tauber bietet Herrieden schon die nächste sehenswerte Altstadt. Malerisch: der Storchenturm an der Altmühlbrücke.

„Sieben Fuhrmänner" werden die sagenumwobenen Sühnekreuze in Neunstetten, einem Ortsteil von Herrieden, genannt.

Eine besonders feine Location für Übernachtungsgäste ist Schloss Sommersdorf. Bergfried und Burggraben der um 1400 begonnenen Anlage erinnern an die Ritterzeit.

Außen schlicht, innen barock. Papst Benedikt XVI. erhob Herriedens Stiftsbasilika 2010 zur Basilica minor, um ihre besondere Bedeutung zu unterstreichen.

„Königlich-Bayerische Hydrotechnische Bureau", dass als „Ursprung der Altmühl allein der Abflußgraben am Unteren Hornauer Weiher unter der Hornauer Mühle angenommen werden muß." Seitdem verkündet hier ein Gedenkstein schlicht und unbeirrt „Ursprung der Altmühl". Den Burgbernheimern, zu deren Gemeinde der Hirschteich gehört, gefiel das gar nicht. In Erlach wiederum nimmt man weder die Hornauer noch die Burgbernheimer ernst. Die Siedlung hat ihre eigene gefasste Quelle samt Inschrift „Ursprung der Altmühl". Von diesem Zwist unberührt, mäandert der Fluss zuerst als Bach friedlich durch die Wiesen und Felder – und so gemächlich, dass er für schnelle Gemüter fast schon eine Provokation ist. Rund 220 Kilometer legt er bis zur Donau zurück, wobei der Höhenunterschied von Ursprung bis Mündung nur 120 Meter beträgt. Kaum ein anderer Fluss in Deutschland hat sich die Langsamkeit so auf seine Fahnen geschrieben.

ERHOLUNG IN WILDBAD

Wer sich für seine Favoritin entscheiden möchte, kann von Burgbernheim aus auf einer 15 Kilometer langen Runde durch den Wald zu allen drei Quellen wandern. Stärkung bietet unterwegs der Waldgasthof Wildbad, der mitten in der Einsamkeit empfängt. Hier bewegt man sich auf royalem Gelände, denn das denkmalgeschützte Ensemble war jahrhundertelang eines der bedeutendsten Bäder Europas, in dem auch die Ansbacher Markgrafen kurten. Seine Heilquellen waren wohl schon zur Zeit Karls des Großen bekannt. 900 Jahre später erholte sich hier 1717 auch Kurfürstin Christiane Eberhardine von Sachsen mit großem Gefolge von ihrer Ehe mit August dem Starken. Die heutigen Gäste kommen zum Wandern und wegen der regionalen fränkischen Küche. In den Monaten mit „R" steht natürlich auch Karpfen auf der Karte, denn in der Nähe von Burgbernheim entspringt die Aisch und beginnt der Aischgrund mit seinen über 7000 Weihern, aus denen die berühmten Spie-

Die mittelalterliche Burg Colmberg liegt 50 Meter über dem Altmühlgrund und bietet eine herrliche Aussicht. Heute ist die Anlage auch bei Golfern beliebt, die unterhalb der Mauern aus dem 13. Jh. abschlagen.

Mitte links: Heckenlabyrinth bei Burgbernheim. Mitte rechts: Radfahrer unterwegs auf dem Altmühlradweg. Auf einem ausgedehnten Netz von Rad- und Wanderwegen lässt sich die Region genussvoll erkunden.

Der offizielle Ursprung der Altmühl wird seit 1904 am Hornauer Weiher bei Hornau verortet. Doch auch Burgbernheim und Erlach sehen zwei Quellen auf ihrer Gemarkung als Altmühlursprung an.

Den Martin-Luther-Platz zu Ansbach säumen St. Gumbertus, das Stadthaus, der Markgraf-Georg-Brunnen und das Rathaus.

Moderne Kunst in der Gotischen Halle: Ansbach Contemporary nutzt auch ungewöhnliche Ausstellungsorte.

gelkarpfen kommen. Gut 85 Kilometer erstreckt sich die Teichlandschaft bis zur Mündung des Flusses bei Forchheim. Fisch- und Bierlokale sind dicht gesät!

GENUSSORT BURGBERNHEIM

Burgbernheim ist jedoch vor allem für seine 30 000 Zwetschgen-, Apfel-, Birn- und Kirschbäume bekannt, die im Frühjahr den Nordhang der Frankenhöhe in ein Blütenmeer verwandeln. In dieser kulinarischen Schatztruhe tragen krumme Charakterbäume teils fast vergessene alte Obstsorten. Für die Pflege der Wiesen, Refugien für Vögel und Insekten, sorgen Schafe. Um den Erhalt dieser einmaligen Kulturlandschaft bemüht sich auch die Genossenschaft „Streuobst Mittelfranken“, die ihre Produkte unter der Marke „EinHeimischer“ vertreibt. In Burgbernheim selbst wird fleißig gemostet, Marmelade eingekocht und Schnaps gebrannt. Der „Fränkische Genussort“ macht sich in dieser Hinsicht alle Ehre.

WEITBLICK AUF BURG COLMBERG

Eine lange Geschichte weist die Burg Colmberg auf dem Heuberg auf. Schon im 8. Jahrhundert stand hier eine kleine Palisadenburg, von der man das Gebiet vom Hornauer Weiher bis Frommetsfelden überblicken konnte. Damals erstreckten sich unten an der Altmühl Sümpfe und oberhalb Urwälder mit Auerochsen. Die einstige Hohenzollern-Burg ist heute samt Hotel und Restaurant in Privatbesitz. Die Hirsche, die statt der Auerochsen auf der Wiese grasen, sind übrigens die Spezialität des Restaurants, dazu gibt’s „Schwarzen Ritter“, ein dunkles Bier.

EIN PIONIER IN LEUTERSHAUSEN

Weiter südlich, am Rand der Altstadt von Leutershausen, geht der Blick zur Abwechslung in die Höhe. Was wie eine Mischung aus Spielzeugflieger und Metallgerippe eines Flugsauriers ausschaut, ist der stilisierte Nachbau des ersten Motorflugzeugs der Welt. Das Denkmal erinnert an den Flugpionier Gustav Weißkopf, der 1874 in Leutershausen geboren wurde. Mit der „Condor“, seiner selbst gebauten Flugmaschine Nr. 21, flog Weißkopf im US-Bundesstaat Connecticut am 14. August 1901 rund 800 Meter weit. Seit 2013 führt das maßgebliche Luftfahrt-Kompendium „Jane’s All the World’s Aircraft“ dies als ersten Motorflug der Weltgeschichte an – 855 Tage vor dem Flug der Brüder Wright.

FUHRMÄNNER UND STORCHENNESTER

Weitaus älter als Weißkopfs Flugmaschine sind die sieben „Fuhrmänner“ in Neunstetten. Die mittelalterlichen Steinkreuze stehen am Ortsausgang nach Herrieden, und nein, man hat sich nicht verzählt: Es sind nur sechs. Ihren Namen verdanken sie der Sage von den sieben Fuhrmännern, die an dieser Stelle rasteten, sich gegenseitig das Brot nicht gönnten und sich im Streit allesamt erstachen. Unter den Kreuzen sollen sie begraben liegen – aber Ruhe finden sie nicht. Angeblich kann man sie kämpfend bei den Kreuzen sehen, wenn nachts der Nebel von der Altmühl aufsteigt …

Verbrieften historischen Schrecken hat Herrieden zu bieten: Früher stand hier das älteste Hexengefängnis Frankens. Stilvoll betritt man das Städtchen über die uralte Steinbrücke und unter dem Storchennest auf dem Storchentor. Wo heute die Kirche Unserer Lieben Frau steht, befand sich bereits im 8. Jahrhundert ein Benediktinerkloster. Von Hexen und anderen Schrecken ist im gemütlichen Herrieden nichts zu spüren, verfolgt werden allerdings noch Brachsen, Hechte und Schleien von den Anglern an der Altmühl.

STADTLUFT IN DER MARKGRAFENRESIDENZ

Wen jetzt nach Stadtluft dürstet, fährt weiter nach Ansbach, das nur einen Katzensprung entfernt liegt und doch ein spannendes Kontrastprogramm zur ländlichen Idylle bietet. Die Hohenzol-

Am Martin-Luther-Platz steht die aus Aluminium gefertigte „Ans-Bach-Säule" von Jürgen Goertz, 2003 zu Beginn der jährlichen Bachwochen aufgestellt.

lern, die hier einst regierten, spendierten sich eine Residenz, die im Vergleich zur Bedeutung ihres Markgraftums Brandenburg-Ansbach ziemlich prächtig ausfiel. Im 18. Jahrhundert wurde der Vierflügelbau von Leopoldo Retti im Stil des Ansbacher Rokokos üppig ausgestattet. Der italienische Architekt gestaltete auch die barocke Synagoge in der Rosenbadstraße, die den Nationalsozialismus nur überstand, weil man bei einem Brand nicht versehentlich die ganze Nachbarschaft zerstören wollte.

Die umliegende Altstadt ist eine Perle aus Renaissance und Barock, deren Bürgerhäuser und Palais den einstigen Status der Residenzstadt widerspiegeln. Vor allem aber steckt sie mit vielen Läden, Cafés und Lokalen voller Leben. Wer jetzt nur an Ansbachs berühmte Bratwürste denkt, kann sich überraschen lassen: Von fränkischer bis internationaler Küche ist kulinarisch alles Denkbare vertreten. Mittelfrankens Regierung, die heute in der Residenz sitzt, ist zwar bei Weitem nicht mehr so verschwenderisch wie einst die Markgrafen, aber Kultur wird noch immer hochgehalten: mit zeitgenössischer Kunst, Open-Air-Musik, den ältesten Bachwochen Deutschlands, Rokoko-Festspielen oder mit Orgelkonzerten. Kinos gibt's natürlich auch.

Special

Kaspar Hauser

Ein ungelöstes Rätsel

Etwa 16 Jahre alt war der Junge, der am Pfingstmontag 1828 unbeholfen und verwahrlost über den Nürnberger Unschlittplatz stolperte. Auf Fragen antwortete er nur mit „Dös wois i net", seinen Namen aber konnte er krakeln: Kaspar Hauser.

„Ich möchte so ein Reiter wie mein Vater werden", mehr war aus dem Jungen nicht herauszubringen. Polizei und Ärzte vermuteten, dass er Opfer eines Verbrechens und als Kind längere Zeit sozial völlig isoliert gewesen war, doch das Wo und Warum blieb schleierhaft. Bald verbreitete sich das Gerücht, Kaspar Hauser sei der Erbprinz aus dem Haus Baden, den man wegen dynastischer Intrigen versteckt hätte – oder war er doch nur ein Hochstapler? Als Kaspar 1831 nach Ansbach übersiedelte, war er bereits das international berühmte „Kind von Europa". Als sein Ansbacher Mentor Anselm von Feuerbach 1833 in der „Erbprinzentheorie" Hinweise auf Hausers badische Herkunft zusammenfasste, wurde er kurz darauf angeblich vergiftet – und Kaspar am 14. Dezember 1833 von einem Unbekannten niedergestochen, drei Tage später verstarb er. Sein „Fall" ist bis heute ungelöst, selbst DNA-Analysen lieferten widersprüchliche Ergebnisse. Die Faszination an Kaspar Hauser als Symbol für die Identitätssuche des Menschen ist ungebrochen.

Kaspar-Hauser-Skulptur in Ansbach

Mit den Ansbacher Rokoko-Festspielen lebt die Zeit der Markgrafen auf: 1729 bis 1757 regierte Carl Wilhelm Friedrich von Brandenburg-Ansbach die Stadt. Ein Höhepunkt der Festspiele ist des Grafen Hochzeit mit Friederike Luise, Schwester Friedrichs des Großen. Ein Traumpaar waren die beiden in der Realität allerdings nicht.

Historische Uniformen, Pulverdampf, Musik, Tanz und Gaukelei bezaubern das Publikum bis spät in die Nacht hinein.

Zentraler Schauplatz der Festspiele ist der Hofgarten: Das sommerliche Maskenfest nach Art des venezianischen Karnevals gehört zu den schönsten Programmpunkten.

Junges Altmühltal

FORTSCHRITT MITTEN IM ZENTRUM

Fachwerkdörfer, mittelalterliche Städtchen, barocke Residenzen, unberührte Natur und uralte Kulturlandschaften – das ist die eine Seite des Altmühltals. Tatsächlich ist die Region nicht nur idyllisch, sondern in Sachen Kunst und Kultur, Bildung und Wirtschaft topmodern.

Auch das vielfältige Freizeitangebot – hier Ziplining am Brombachsee – macht die Region so attraktiv.

Der Blick auf die Karte macht es deutlich: Zentraler als im Altmühltal kann man in Europa kaum leben. Ringsum liegen die großen Wirtschaftsräume und Ballungszentren München und Ingolstadt, Nürnberg und Stuttgart, im Nordwesten ist Frankfurt am Main nicht weit und im Osten gibt Regensburg Impulse. „Nach Ingolstadt oder Regensburg zu pendeln, ist für uns kein Problem", erzählt die junge Frau, mit der man bei den Übungen am Qi-Gong-Weg ins Gespräch gekommen ist, „auch Nürnberg ist machbar und selbst München. Wir sehen keinen Grund, hier wegzuziehen. Und mit Kindern lässt es sich hier gut leben."

BOOM UND WANDEL

Den Investoren ist dies auch schon aufgefallen. Im Süden platzt der Wirtschaftsraum München-Ingolstadt aus allen Nähten und der Immobilienmarkt steht wie ein Dampfkochtopf ohne Ventil kurz vor dem Explodieren. Den Prognosen zufolge wird der Boom anhalten und das Bayerische Landesamt für Statistik sieht in den nächsten 20 Jahren ein starkes Bevölkerungswachstum in den Landkreisen Eichstätt und Kelheim. Damit werden Immobilien auch nördlich der Donau zunehmend interessanter. Die Region ist im Wandel: Mit dem Fränkischen Seenland ist eine Urlaubs- und Freizeitregion entstanden, die stark auf den Tourismus setzt und von Kitesurfen über Wakeboarden bis zum Ziplining Action auch für junge Besucher bietet.

Auch andernorts verändern sich die Rahmenbedingungen. So geht zum Beispiel in Solnhofen die jahrhundertealte Steinindustrie gegenüber der chinesischen Konkurrenz und den Keramikimitaten aus Italien und der Türkei in die Knie. Von den früher mehr als 20 Steinbetrieben im bayerischen Juragebiet ist nur eine Handvoll verblieben, überleben werden nach Meinung von Wirtschaftsexperten vielleicht zwei oder drei.

JUNGE BILDUNG

Mit 44,8 Jahren (2018) liegt in Solnhofen der Altersdurchschnitt höher als in ganz Bayern (43,8) – in Eichstätt mit 42,1 Jahren darunter. Rund

Star-Architekt Günther Behnisch entwarf die lichtdurchflutete Zentralbibliothek in Eichstätt.

Eine gut aufgestellte Region: modernes Figurenfeld in Eichstätt, Kunst vor der ehem. Residenz in Ansbach

13 300 Einwohner zählt die „Hauptstadt des Altmühltals“, für frischen Wind in den barocken Straßen sorgen über 5000 Studierende an der Universität. Regelmäßig gehört die Region zu den deutschen Spitzenreitern in Sachen Beschäftigungsquote. 2014 wurde der Landkreis mit seiner Mischung aus schöner Lage, Freizeitwert und Jobmöglichkeiten beim Focus-Ranking als „Lebenswerteste Region Deutschlands“ ermittelt.

EICHSTÄTTS MODERNES GESICHT

Wer durch die Stadt bummelt, sieht in den Cafés junge Leute sitzen und an der Universität ambitionierte moderne Architektur. Preisgekrönte Bauten haben die Diözesanbaumeister Karljosef Schattner (1957–1991) und Karl Frey (1992–2010) sowie ihr Nachfolger Richard Breitenhuber (2010 bis 2018) geschaffen und in historische Gebäude integriert – ein spannendes Wechselspiel von verspieltem Barock und modernen Glasfronten, Blech und Beton. Entsprechend Schattners Motto, „die Gegenwart leugnen hieße die Geschichte leugnen“, wurden historische Gebäude wie das alte Waisenhaus, die ehemalige Reitschule oder der Ulmer Hof umgebaut und erweitert. Und in die Altmühlauen hat Stararchitekt Günther Behnisch die lichtdurchflutete Zentralbibliothek gestellt, ein transparentes Gebäude, in dem man den Geist fliegen lassen kann.

FAIBLE FÜR MODERNE KUNST

Am nordöstlichen Stadtrand von Eichstätt bildet das Figurenfeld des Bildhauers und Malers Alois Wünsche-Mitterecker (1903–1975) ein „Momentum perpetuum“, ein ewiges Mahnmal gegen Krieg und Gewalt. Wie auf einem Schlachtfeld sind die Figuren kreuz und quer verstreut, Kämpfer, Opfer, aber keine Sieger sind auszumachen.

Auch in Ansbach ist moderne Kunst großes Thema. Die Ansbacher Skulpturenmeile zeigt in ungeraden Jahren von Ende Juni bis Ende September zeitgenössische Werke im öffentlichen Raum, die nicht selten umstritten und teils kontrovers diskutiert werden, aber auf jeden Fall für Spannung im Stadtbild und in der Kulturszene sorgen. Den Anfang machte 2003 eine Ausstellung mit Arbeiten von Jürgen Goertz, dessen Skulpturen Akzente setzen: die Ans-Bach-Säule (Foto S. 32), der Brunnen „Ans-Bachchantin“ und natürlich das riesige Metallpferd „Anscavallo“. Bei der Biennale Ansbach Contemporary, die im Wechsel mit der Skulpturenmeile stattfindet, werden Werke von zeitgenössischen regionalen und überregionalen Künstlern ausgestellt.

Fakten & Informationen

Architektur in Eichstätt
Bistum Eichstätt
Diözesanbauamt
www.bistum-eichstaett.de/dioezesanbauamt/

Kunst in Ansbach
Amt für Kultur und Tourismus
Johann-Sebastian-Bach-Platz 1
91522 Ansbach, Tel. 0981 5 12 43
www.ansbach.de

„Mann mit Koffer", eine Skulptur von Kurt Laurenz Metzler an der Rezat in Ansbach

Maßstab 1:200.000
0 4km
UFFENHEIM
BAD WINDSHEIM
Ipsheim
Naturpark Steigerwald
Markt Erlbach
Hohenecker Forst
Windsheimer Bucht
BURG-BERNHEIM
Marktbergel
Obernzenn
Trautskirchen
Neuhof an der Zenn
Oberdachstetten
Flachslanden
Rügland
ROTHENBURG ob der Tauber
Steinsfeld
Naturpark Frankenhöhe
Colmberg
Lehrberg
Weihenzell
Gebsattel
Romantische Straße
Burgenstraße
ANSBACH
LEUTERS-HAUSEN
Insingen
Diebach
SCHILLINGS-FÜRST
Dombühl
Wörnitz
Lichtenau
Burgoberbach
HERRIEDEN
Aurach
Schnelldorf
FEUCHTWANGEN
Bechhofen
Weidenbach
Wieseth
Dentlein am Forst
Arberg
Burk
Kreß-berg
Schopfloch
Dürrwangen
Langfurth
Ehingen
DINKELSBÜHL
1
2
3
4
5
6

AM LIEBLICHEN FLUSS

Bei den Kelten hieß die Altmühl angeblich „Alcmona", das liebliche, langsam fließende Wasser – besser kann man ihren Oberlauf nicht beschreiben. Über die dünn besiedelte Frankenhöhe schlängelt sie sich vorbei an mittelalterlichen Burgen und Ortschaften. Höhepunkte bieten die malerischen Städte Rothenburg und Ansbach.

1 Rothenburg ob der Tauber

Rothenburg (11 000 Einw.) im weitgehend unverbauten Taubertal ist ein Hauptziel an der Burgen- und an der Romantischen Straße. Seit dem 19. Jh. gilt die Altstadt als Inbegriff einer romantisch-historischen deutschen Stadt.

SEHENSWERT
Die **Altstadt TOPZIEL** ist ein einmaliges Ensemble. Neben dem Rathaus bietet der Rathausturm (Jan.–März, Nov. Sa., So. 12.00–15.00, April–Okt. tgl. 9.30–12.30, 13.00–17.00 Uhr) einen großartigen Blick, an der Fassade der benachbarten Ratstrinkstube führen zur vollen Stunde die Kunstuhr-Figuren den „Meistertrunk" aus (Marktpl. 2, tgl. 10.00–22.00 Uhr). Eine schöne Aussicht bietet auch die **Stadtmauer**. Seit Jahrhunderten Pilgerziel ist die gotische **St.-Jakob-Kirche** (1485) mit der Heilig-Blut-Reliquie, für die Tilman Riemenschneider 1505 den Heilig-Blut-Altar schnitzte (Klostergasse 15, Jan.–März, Nov. tgl. 10.00–12.00, 14.00–16.00, April–Okt. 9.00–17.00, Dez. 10.00 bis 16.45 Uhr). In der **Wehrkirche St. Wolfgang** (um 1500) mit dem gotischen Maßwerk ist eine Ausstellung über die Schäferei zu sehen (Fr., Sa. 9.30–17.00, So. 10.00–13.00, 13.30 bis 16.00 Uhr, Aug. tgl. 9.30–17.00 Uhr, www.schaefertanzrothenburg.de). Vom **Burgtor** führt ein Weg durch den Burggarten über die Doppelbrücke (14. Jh.) ins Taubertal.

Tipp

Anno dazumal

Von wegen „gute alte Zeit" – in diesem faszinierenden Museum ist man froh, im Hier und Heute zu leben. Schandmasken und eine Eiserne Jungfrau sind nur zwei Beispiele, wie drakonisch früher Strafen ausfielen. Neben schrecklichen Foltergeräten und Henkerswerkzeugen hat das Kriminalmuseum jedoch noch mehr zu bieten: Hunderte Exponate zeichnen hier Rechtsgeschichte vom Hochmittelalter bis zum 19. Jh. im deutschsprachigen Raum nach. Selbst das Privatleben bis hin zur Kleidung wurde früher streng geregelt.

Kriminalmuseum
Rothenburg o.d.T., Burggasse 3
April–Anfang Nov. tgl. 10.00–18.00,
Anfang Nov.–März 13.00–16.00 Uhr,
Tel. 09861 53 59
www.kriminalmuseum.eu

Rothenburg ob der Tauber: Panoramablick auf die Altstadt (o.l.), Brunnen am Plönlein (o.r.), mit Nachtwächter durch die Innenstadt (u.).

MUSEEN
Das **Rothenburgmuseum** behandelt die Stadt- und Alltagsgeschichte (Klosterhof 5, April–Okt. tgl. 9.30–17.30, Nov. 13.00–16.00 Uhr, www.reichsstadtmuseum.rothenburg.de). Advent und Weihnachten sind die Themen des **Weihnachtsmuseums** (Herrngasse 1, April bis 23. Dez. tgl. 10.00–17.00 Uhr, www.weihnachtsmuseum.de), mittelalterliche Architektur und Alltagskultur im **Handwerkerhaus** (13. Jh., Alter Stadtgraben 26, Ostern–31. Okt. Mo. bis Fr. 11.00–17.00, Sa., So. 10.00–17.00 Uhr, www.alt-rothenburger-handwerkerhaus.de).

ERLEBEN
Der **Kletterwald** hat Parcours für Groß und Klein ab 6 Jahren (www.kletterwald-rothenburg.com). **Ballonfahrten** organisiert Happy Ballooning (www.happy-ballooning.de).

HOTEL
Das **€€€ Burg-Hotel** bietet Zimmer direkt auf der Stadtmauer mit Blick über das Taubertal; mit Garten und Wellness (Klostergasse 1–3, Tel. 09861 9 48 90, www.burghotel.eu).

VERANSTALTUNGEN
Zum immateriellen UNESCO-Weltkulturerbe gehört das **Historienspiel** „Der Meistertrunk"

an Pfingsten, samt Feldlager, historischem Markt und Schäfertanz. Die Reichsstadt-Festtage (Sept.) werden mit authentischen Kostümen gefeiert. Im August ist das dreitägige Taubertal-Festival ein Besuchermagnet, in der Adventszeit der Reiterlesmarkt.

INFORMATION
Rothenburg Tourismus Service
Marktplatz 2, 91541 Rothenburg o.d.T.
Tel. 09861 40 48 00
www.rothenburg-tourismus.de

2 Burgbernheim

Das über 1250 Jahre alte Fachwerkstädtchen (3000 Einw.) am Fuß der Frankenhöhe ist einer der 100 „Genussorte" Bayerns.

SEHENSWERT
Wo 755 Burgbernheims erste Kirche stand, wurde ab 1102 die gotisch ausgemalte **Johanniskirche** errichtet, das benachbarte **Torhaus** (1545) war wie der Seilersturm (1102) Teil der Befestigung. Das älteste **Fachwerkhaus** stammt von 1607 (Rodgasse 3).

ERLEBEN
Ab Marktplatz führt ein **Lehrpfad** (4/6 km) als Runde durch die Streuobstwiesen, zum 4 km langen Natur- und Erlebnispfad (ab Freibad) gehört ein **Kräuterlabyrinth**; ein Irrgarten wurde im Gründlein aus 2000 Hainbuchen gepflanzt.

EINKAUFEN
Hausgemachten Zwetschger (Zwetschgenschnaps) und Marmeladen gibt es im Bauernladen **Engerla** (Friedeneichepl. 6), Pralinen mit regionalen Bränden in der **Chocolaterie & Patisserie Grand Cru** (Hochbach 5).

HOTELS
Zum **€/€€ Gasthof Zum Goldenen Hirschen** im zentralen Markgrafenhaus von 1817 gehören vier Zimmer und ein **€€** Restaurant mit gehobener fränkischer Küche; der Most ist hausgemacht (Windsheimer Str. 2, Tel. 09843 93 68 80, www.pension-badwindsheim.de).
Der **€/€€ Waldgasthof Wildbad** ist ein historisches Ensemble in idyllischer Waldlage 3 km südwestl. von Burgbernheim. Serviert wird gehobene fränkische regionale Küche (www.waldgasthof-wildbad.de).

INFORMATION
Touristinformation
Marktplatz 1, 91593 Burgbernheim
Tel. 09843 3 09 34, www.burgbernheim.de

3 Ansbach

Ansbach ist mit rund 41 000 Einwohnern das wirtschaftliche und kulturelle Zentrum der Region. Die Stadt unterstand einst den Bischöfen von Würzburg, ab 1331 dann den Hohenzollern. Deren Fürsten und Markgrafen verwandelten

Ansbachs Synagoge (o.r). Lauschiges Ambiente und frische Fische bietet der Waldgasthof Wildbad bei Burgbernheim (o.l., u.).

die ehemalige Klostersiedlung ab 1456 zu einer prachtvollen Residenzstadt.

SEHENSWERT
Die **Residenz TOPZIEL** der Markgrafen zu Brandenburg-Ansbach, ehemals eine Wasserburg (um 1400), wurde in der Renaissance sowie im 18. Jh. aus- und umgebaut. Beeindruckend sind Leopoldo Rettis Ausstattung im Stil des Ansbacher Rokoko samt 27 Prunkräumen, das Deckenfresko von Carlo Carlone im Festsaal (1736) und die Gemäldegalerie. In der Gotischen Halle sind Fayencen und Porzellan der Ansbacher Manufaktur (1710–1839) ausgestellt (Promenade 27, April–Sept. Di.–So. 9.00 bis 18.00, Okt.–März 10.00–16.00 Uhr, www.schloesser-bayern.de).
„Hier wurde ein Geheimnisvoller auf geheimnisvolle Weise getötet", steht auf dem **Gedenkstein für Kaspar Hauser** im barocken Hofgarten mit der Orangerie (1726–1743, www.orangerie-ansbach.de).
Die Kirche **St. Gumbertus** (Johann-Sebastian-Bach-Pl.) fasziniert von der romanischen Krypta von 1040 über die Markgrafengruft (Mai–Sept. Fr., Sa., So. 15.00–17.00 Uhr) mit Sarkophagen aus dem 17./18. Jh. bis zur Schwanenritterkapelle mit dem „Kelterbild", das wahrscheinlich von Albrecht Dürer stammt. Leopoldo Retti gestaltete 1744–46 die barocke **Synagoge** (Rosenbadstr. 3, Mai–Sept. 2. und 4. So., 15.00–17.00 Uhr, www.synagoge-ansbach.de). Ein Wahrzeichen ist das barocke **Herrieder Tor** (Uzstr. 30) mit dem Glockenspiel (tgl. 11.00 und 17.00 Uhr). Die Pfarrkirche **St. Johannis** (Johann-Sebastian-Bach-Pl.) wurde im 15. Jh. aus Sandsteinquadern erbaut.

MUSEEN
Das **Markgrafenmuseum** erzählt in einem schönen Gebäudekomplex (14.–18. Jh.) die Geschichte der Stadt, des Fürstentums und Kaspar Hausers (Kaspar-Hauser-Pl. 1, Okt.–April Di.–So 10.00–17.00 Uhr).

ERLEBEN
Kulinarisches bietet die **Ansbacher Bratwurstführung** (www.ansbach.de). Zum Freizeitbad Aquella gehören Riesenrutsche und Sauna (Am Stadion 2; Mo.–Fr. 9.30–21.30, Sa., So., Fei. 8.00–20.00 Uhr; www.myaquella.de).
Das **Theater Ansbach – Kultur am Schloss** (Promenade 29, www.theater-ansbach.de) bietet Theater, Konzerte und Kino.

VERANSTALTUNGEN
Höhepunkte sind die **Rokoko-Festspiele** und die **Bachwoche** (siehe „Unsere Favoriten", S. 115). In geraden Jahren widmen sich die **Kaspar-Hauser-Festspiele** (Juli/Aug.) Kaspar Hauser mit Kunst, Konzerten und Vorträgen. Die **Ansbacher Skulpturenmeile** zeigt in ungeraden Jahren von Ende Juni bis Ende Sept. Kunst im öffentlichen Raum, im Wechsel mit **Ansbach Contemporary** (siehe „Zur Sache", S. 34).

RESTAURANT
Im **€€ Bratwurst-Glöckle** in einem Haus aus dem 17. Jh. werden Ansbacher Bratwürste und fränkische Küche serviert; mit Biergarten (Uzstr. 4, Tel. 0981 4 66 11 11, www.bratwurst-gloeckle.com).

INFORMATION
Amt für Kultur und Tourismus
Johann-Sebastian-Bach-Platz 1
91522 Ansbach, Tel. 0981 5 12 43
www.ansbach.de

4 Herrieden

Herriedens Gründung (8000 Einw.) geht auf ein Kloster aus dem 8. Jh. zurück. Das historische Zentrum kennzeichnen stattliche Giebelhäuser aus dem 16. bis 18. Jahrhundert.

SEHENSWERT
In die Altstadt gelangt man durch den **Storchenturm** (14. Jh.) an der steinernen Brücke (1711). Die 1071 geweihte **Stiftsbasilika** wurde im 18. Jh. barockisiert, die Kirche Zu Unserer Lieben Frau (1493) steht am Ort des einstigen Benediktinerklosters. Unter und vor der Kirche liegen Gräber aus dem 9./10. Jahrhundert. Die geschnitzte barocke Holzdecke gilt in Europa als einmalig.

ERLEBEN
Das **Museum auf dem Weg** führt zu historisch bedeutsamen Stationen mit Infotafeln, der Bildstock- und Kapellenwanderweg zu religiösen Kulturdenkmälern. Im Ortsteil **Neunstetten** stehen mittelalterliche Steinkreuze (S. 31). Auf dem 10 km langen **Naturlehrpfad** erfährt man einiges über Biber & Co.

INFORMATION
Tourist-Information in der Buchhandlung DECIMA, Deocarplatz 10, 91567 Herrieden, Tel. 09825 2 47 98 46, www.herrieden.de

5 Leutershausen

Der Altmühltal-Radweg verläuft durch das über 1000 Jahre alte Städtchen (5600 Einw.), Geburtsort von Flugpionier Gustav Weißkopf und Laura Kissinger: Die Mutter des ehem. US-Außenministers Henry Kissinger wurde hier 1901 als Paula Stern geboren.

SEHENSWERT
Die **Altstadt** prägen Fachwerk, Pastellfarben und Reste der ehemaligen Stadtbefestigung, an die Hohenzollern-Herrschaft erinnern die schwarz-weißen Fensterläden am ehemaligen markgräflichen Stadtschloss (Plan 6) von 1624. Das **Gustav-Weißkopf-Museum** (www.weisskopf.de) und das **Heimat- und Handwerkermuseum** sind bis ca. Ende 2022 geschlossen (Plan 6). Motorradfans zieht es ins **Motorradmuseum Frankenhöhe** in den Ortsteil Hetzweiler (Weiherstr. 16, So. 10.00–17.00 Uhr).

INFORMATION
Stadtverwaltung
Am Markt 1–3, 91578 Leutershausen
Tel. 09823 95 10, www.leutershausen.de

6 Colmberg

Gut 1400 Menschen wohnen in der hübschen Fachwerk-Ortschaft an der Burgenstraße.

SEHENSWERT
Die eindrucksvolle **Burg Colmberg** war ab 1318 knapp 500 Jahre lang in Besitz der Hohenzollern. Alles über die Natur und Freizeitangebote im 1100 km² großen Naturpark Frankenhöhe erfährt man im **Informationszentrum Frankenhöhe** (Am Kirchberg 4, Mo.–Do. 8.00 bis 12.00, 13.00–17.00, Fr. bis 16.00 Uhr, www.romantisches-franken.de).

HOTEL / RESTAURANT
Auf **€€/€€€ Burg Colmberg** schläft man in jahrhundertealtem Ambiente in zehn Zimmern oder Suiten, das Restaurant serviert fränkische Spezialitäten und zünftige Rittermenüs (Tel. 09803 9 19 20, www.burg-colmberg.de).

INFORMATION
Markt Colmberg
Am Markt 1, 91598 Colmberg
Tel. 09803 9 32 90, www.colmberg.de

JA NATÜR LICH

IMMER AM FLUSS ENTLANG

Der Altmühltal-Radweg gehört sicherlich zu den schönsten Fernradwegen Deutschlands. Die rund 250 Kilometer lange Strecke beginnt in Rothenburg ob der Tauber und führt bis Kelheim – oder umgekehrt. Wer möchte, kann die Tour von der Mündung der Altmühl entlang der Donau bis Regensburg (nochmals 38,5 Kilometer) oder darüber hinaus verlängern. Der in beide Richtungen hervorragend ausgeschilderte Radweg gehört regelmäßig zu den vom ADFC gekürten Top Ten der Radfernwege in Deutschland.

Die Route ist für die ganze Familie geeignet, denn sie verläuft größtenteils auf befestigten Wald- und Feldwegen und ruhigen Nebenstrecken direkt am Fluss bzw. dem Main-Donau-Kanal. Außerdem sind im Tal der gemächlichen Altmühl Steigungen rar gesät. Selbst den ersten Abschnitt vom Taubergrund hinauf zum

Wenig Steigung, viel Erlebnis bietet die Tour auf dem Altmühltal-Radweg. Manchmal helfen Floßfähren den Radlern auf die andere Seite – wie hier bei Dietfurt.

knapp 100 Meter höheren Quellgebiet der Altmühl bei Hornau kann man umfahren und stattdessen über Neulitz und Geslau in der Ebene nach Colmberg radeln.

Unterwegs verändert die Landschaft ihr Bild, vom Taubergrund geht es über die Frankenhöhe mit ihren Wäldern und Streuobstwiesen weiter durch die Wiesen und Felder des oberen Altmühltals zum Fränkischen Seenland und zu den steilen Formationen des Jura. In Kelheim schließt sich an den Altmühlradweg nahtlos der Donauradweg an, der von der Quelle bis zur Mündung der Donau verläuft.

Streckenbeschreibungen mit Karten und GPX-Daten:
Tourismusverband Romantisches Franken,
www.romantisches-franken.de /Radfahren

Informationszentrum Naturpark Altmühltal,
www.naturpark-altmuehltal.de

KLEENE
150970 S
VARUNA

Fränkisches Seenland

VERGNÜGEN AM WASSER

Als Freizeitregion spielt das Fränkische Seenland unangefochten in der obersten Liga. Hier finden nicht nur Wassersportler und Sonnenanbeter an den neu geschaffenen Seen ihr Mekka, sondern auch Naturfreunde sowie Kulturinteressierte in den hübschen Dörfern und Städten. Kulinarisch gibt es von Kirschen bis Kraut einiges zu entdecken.

Segeln, Schwimmen, Sonnenbaden: Der Große Brombachsee bietet dafür die besten Bedingungen.

„Tor zum Fränkischen Seenland" nennt sich Ornbau. Eine steinerne Brücke überspannt die Altmühl.

WOLFRAMS-ESCHENBACH ZEIGT SICH ALS GUT GELAUNTE MITTELALTER-SCHÖNHEIT.

„Jugend hat viel Herrlichkeit, Alter Seufzen viel und Leid" schrieb Wolfram von Eschenbach – auf seine Heimatstadt mag das nicht zutreffen, denn Wolframs-Eschenbach zeigt sich als gut gelaunte Mittelalter-Schönheit, in der der Deutschherrenorden „köstliche Häuser" baute und man abends gerne beim Bier zusammensitzt. Der Dichter, der mit seinem Versepos „Parzival" Weltliteratur schuf, kam um 1170 im damaligen Obereschenbach zur Welt. Seinen heutigen Namen erhielt das Städtchen erst 1917 durch ein Dekret von König Ludwig III. von Bayern, mitten im Ersten Weltkrieg.

In Wolframs-Eschenbach ist man stolz auf den Minnesänger, den man im barocken Alten Rathaus ein Museum gewidmet hat. Die Geschichte des benachbarten Liebfrauenmünsters begann schon Jahrhunderte vor Wolframs Geburt. Gäbe es hinter dem Deutschherrenschloss noch immer den Misthaufen – dass der dort früher vor sich hin dünstete, hat man abends beim Wirtshausschwatz erfahren –, würde man sich noch schneller in alte Zeiten zurückversetzt fühlen. Aus dem Mittelalter heraus führt die Hauptstraße mit den stattlichen Ackerbürgerhäusern, hinter dem Oberen Tor aus dem 13. Jahrhundert ist man wieder zurück in der Moderne.

KRAUT- UND KLEINSTADT

Das benachbarte Merkendorf steht ganz im Zeichen der Krautköpfe: In der Altstadt stellen die Brunnenfiguren vor dem Rathaus ein Krautbauernpaar dar, Krautfeste werden gefeiert und selbst eine Krautkönigin wird gewählt. An die Zeiten des großen Krautbooms im 18. Jahrhundert reichen die Erträge nicht mehr heran, doch noch immer zeichnen im Umland blaue, grüne und spitze Kohlköpfe ihre feinen geometrischen Formen in die Landschaft.

Nur einen Katzensprung entfernt gibt Ornbau der Bezeichnung „Stadt" eine ganz neue Bedeutung. Mit gut 1700 Einwohnern ist es eher eine Kleinst- als eine Kleinstadt. Bei Ornbau kann man die Vogelwelt in den Feuchtwiesen des Wiesmet erkunden oder zum Altmühlsee radeln, um vom Beobachtungsturm an der Vogelinsel nach Seeadlern Ausschau zu halten.

ERHOLUNGSSEE-LIG

Und schon ist man mitten drin im Fränkischen Seenland, das erst ab den 1970er-Jahren geschaffen wurde, aber dennoch für Familien, Sportler und Kulturgenießer von der Freizeitkarte nicht mehr wegzudenken ist. Die sieben Seen bieten Sport und Spaß am und ums Wasser: Baden und Sonnenbaden auf Uferwiesen

Wolframs-Eschenbach: rechts das Rathaus, links der fein sanierte Fachwerkbau der Alten Vogtei, heute ein Restaurant

Wer die Fachwerkhäuser genau studiert, entdeckt so manche kleine Schönheit, wie diese Madonnenfigur – oder die Störche.

Abendlicht versetzt romantische Naturen unschwer zurück in die Zeit Wolframs von Eschenbach. Der große Minnesänger und Dichter des „Parzival" wurde hier 1170 geboren.

Surfer am Altmühlsee. Der Freizeitspaß auf der Fränkischen Seenplatte ist nicht zuletzt einem Wasserversorgungsprojekt zu verdanken.

Auch der Große Brombachsee ist künstlich angelegt. Er ist der größte Stausee der Fränkischen Seenplatte.

und an Sandstränden, Segeln – die Marina Ramsberg am Großen Brombachsee ist der größte Binnensegelhafen Deutschlands –, Wind- und Kitesurfen, Wakeboarden, Ziplining, Tauchen, Bootfahren, Angeln ... Auf dem Altmühlsee und dem Großen Brombachsee kann man sogar mit Ausflugsbooten schippern.

Viele Besucher kombinieren die Schiffsfahrten mit einer Radtour auf dem über 1500 Kilometer langen Radwegenetz der Region, das an den Altmühltalradweg und den MD-Radweg entlang des Main-Donau-Kanals bis Nürnberg angebunden ist. Der fast vollständig ebene Fränkische Seenland Weg führt auf 63 Kilometern vom Altmühlsee über den Brombachsee bis zum Rothsee.

ÜBER DIE GRENZE

Eine Station auf der Radtour ist Gunzenhausen, wo man in den Cafés am Marktplatz, am Strand am Altmühlsee oder im Saunadorf im Freizeitbad Juramare grenzenlos entspannen und gar eine Grenze überschreiten kann. „Limes" steht auf dem Boden, und tatsächlich ist Gunzenhausen in Bayern die einzige Stadt, durch die die ehemalige Außengrenze des Römischen Reichs direkt führt. Das einstige Kastell ist heute vom Stadtzentrum überbaut, Reste der Befestigungen sind im Burgstallwald zu sehen. Die fas-

Special

Geografie

Frankens Wasserlandschaft

Reicher Süden, armer Norden hieß es früher, zumindest was die Verteilung des Wassers in Bayern anging. Damit auch das nördliche Bayern – und vor allem der Ballungsraum Nürnberg – vom Wasserreichtum des Südens profitiert, beschloss der Bayerische Landtag 1970 ein Mammutprojekt: ein Überleitungssystem, das Wasser aus dem Altmühl- und Donautal in das Regnitz-Main-Gebiet bringt.

1974 rollten die ersten Bagger an, im Jahr 2000 war das 460 Millionen Euro teure Projekt mit der Einweihung des Großen Brombachsees beendet. Heute pumpt man über den Main-Donau-Kanal jährlich rund 125 Millionen Kubikmeter Wasser in den Rothsee; die (Hoch-)Wasser der Altmühl werden im Zuleiter zwischen Ornbau und Muhr kanalisiert und im Altmühlsee aufgestaut, bevor sie per Überleiter in den Kleinen und Großen Brombachsee fließen. Jährlich sind dies ca. 25 Millionen Kubikmeter. In Trockenzeiten wird das im Roth- und Großen Brombachsee gespeicherte Wasser über die unterhalb liegenden Flüsse in das Regnitz-Main-Gebiet abgegeben. Zuständig für das Überleitungssystem, zu dem neben den Stauanlagen mehr als 100 Brücken und Stege, 27 Flusswehre und fünf Wasserkraftwerke gehören, ist das Wasserwirtschaftsamt Ansbach.

Ein willkommener Nebeneffekt sind die Stauseen, die das Gebiet in eine beliebte Freizeitregion verwandeln. Mit insgesamt 12,1 Quadratkilometer Wasserfläche ist der Brombach-/Igelsbachsee größer als der Tegernsee und der Altmühlsee mit 4,5 Quadratkilometern nur wenig kleiner als der Königssee. Mit 2,2 Quadratkilometern ist der Rothsee so groß, dass man auf ihm segeln kann. Nicht zum Überleitungssystem gehören die Zwerge der Seenplatte, der Hahnenkammsee (0,23 Quadratkilometer) und der Dennenloher See (0,22 Quadratkilometer).

Die heutige Idylle hatte ihren Preis: Damit der Rothsee aufgestaut werden konnte, mussten die Einwohner von Hasenbruck und Fischhof umgesiedelt werden.

Der größte Teil des Altmühlsees steht unter Naturschutz. Auf dem Rundweg durchs Naturschutzgebiet Vogelinsel sieht man, was dort wächst, fliegt und gedeiht.

Am Großen Brombachsee: Strandbad Enderndorf (unten) lockt zum Schwimmen, Erfrischungen gibt's dann in der Strandbar Seeklause, einem der schönsten Biergärten Frankens (Mitte).

Gunzenhausens Panoramaseite: links Stadtkirche St. Maria Virginis (15. Jh.), rechts der Färberturm aus dem 14. Jh., ein Teil der Stadtbefestigung

Mitte links: Wie Ansbach hält auch Spalt die moderne Kunst hoch: hier das Spalatin-Denkmal vor der Kirche St. Emmeran.
Mitte rechts: Der reiche Bilderschmuck in der Stiftskirche St. Nikolaus (18. Jh.) in Spalt widmet sich dem Leben des Heiligen Nikolaus.

Aus römischer Sicht begann jenseits des Limes das Land der Barbaren. Wie diese ferngehalten werden sollten, zeigt ein Nachbau des Obergermanisch-Raetischen Limes bei Gunzenhausen.

Wie so viele Städte der Region besitzt auch Gunzenhausen eine gut in Schuss gehaltene historische Altstadt. Gebummelt wird gern in der Weißenburger Straße.

zinierten schon im 19. Jahrhundert den Gunzenhauser Medizinalrat Heinrich Eidam, der der Geschichte seiner Heimat auf den Grund ging und als Streckenkommissar der Reichs-Limeskommission den Verlauf des Limes erforschte.

IM SPALTER LAND

Brombachseer Kirschen- und Spalter Hopfenland – der Name ist Programm. Bei Kalbensteinberg wurden bereits um 1600 Kirschen angebaut, aber auch andere Obstsorten gedeihen hier gut und werden in der Ortschaft zu fruchtigen Schnäpsen gebrannt. Wo gleich hinter dem Ortsausgang Richtung Spalt der Offenbrunngraben durch ein liebliches Tal fließt, stehen links unglaublich dicke Charolais-Rinder auf der steilen Weide und liegt rechts einer der wunderschönen Kirschgärten. Teils 120 Jahre sind die hohen Bäume alt, deren Gestalten so charaktervoll sind wie die Aromen ihrer uralten Sorten.

Richtung Spalt mehren sich die Hopfenfelder, ist doch das 1200 Jahre alte Städtchen das Zentrum eines traditionsreichen Anbaugebiets. Schon vor 650 Jahren ließ man hier den Hopfen in den Himmel wachsen, während man zu dieser Zeit andernorts nur auf den Weinbau setzte. Im Stadtbild hat der berühmte Spalter Aromahopfen seine Spuren hinterlassen, denn viele der schönen Fachwerkhäuser haben mehrstöckige Dachböden, in denen früher das grüne Gold getrocknet wurde. Und Bier wird natürlich auch gebraut, in Deutschlands letzter kommunaler Brauerei. Probieren kann man es im Biermuseum oder auch in einer der Spalter Gaststätten.

VON DER BURG ZUM SCHLOSS

Einkehren kann man auch auf Burg Abenberg und sich sogar stilecht mit einem Rittermenü stärken. Bis ins 11. Jahrhundert reicht die Geschichte der Burg zurück, die Wolfram von Eschenbach im „Parzival“ verewigte. Allerdings beschwerte er sich darin über den Zustand der Turnierwiese. Damit solche ewigen

Klagen nicht mehr vorkamen, wurde die mächtige Anlage immer mal wieder umgebaut.

FEINE DRAHTZIEHER

Emsig am Werkeln ist man auch in Roth, das in den 1960er-Jahren den Titel „industriereichste Kleinstadt“ führte. Bei einem Spaziergang durch die Altstadt mit den Fachwerkhäusern stößt man auf das Renaissanceschloss Ratibor, heute Museum. In das ehemalige Jagdschloss der Markgrafen von Brandenburg-Ansbach zog 1791 Johann Philipp Stieber, der Roths Industrie zum Laufen brachte. Drahtzieher hatte es in den Mühlen der Umgebung schon lange gegeben, und 1621 brachte der Hugenotte George Fournier die Leonische Industrie in die Stadt – die Kunst, feine vergoldete oder versilberte Drähte für Gespinste und Gewebe herzustellen. Stieber verlegte die leonischen Werkstätten in eine Fabrik mit damals topmodernen Maschinen, die heute als Museum zu besichtigen ist. Auf diese Weise baute er das Handwerk zu einer blühenden Industrie aus, die Roth vor allem im 19. Jahrhundert prägte. Heute spielt die Leonische Industrie hier keine große Rolle mehr, aber Roth ist immer noch „voll auf Draht“, wie die Stadt sich selbst stolz darstellt: Statt glänzende Tressen herzustellen, zieht man heute wieder wie vor Jahrhunderten reine Gebrauchsdrähte und produziert Kabel.

UND WEITER ZUR RESIDENZ

Der reizvollste Weg in die Nachbarstadt Hilpoltstein führt zu Fuß auf dem Mühlenweg durch das idyllische Tal der Roth vorbei an historischen Mühlen. In der Residenz, die sich Johann Friedrich als Pfalzgraf von Pfalz-Hilpoltstein 1618 bauen ließ, sitzen heute Ämter und die Touristeninformation. Große Feste werden hier nicht mehr gefeiert – dafür umso mehr in der Ruine der gut 1000 Jahre alten Burg, stilecht kostümiert bei Mittelalterfesten, beim Burgfest und mit Theater beim Burgspiel.

Roth (oben) bewahrt Zeugnisse der Leonischen Industrie, der Kunst, Draht zu spinnen (unten). Hilpoltsteins fürstliche Pracht entfaltet sich in der Residenz (Mitte).

Oben: Die Burgruine Hilpoltstein bietet seit 70 Jahren eine eindrucksvolle Kulisse für das sommerliche Freilichttheater.
Links: Zu Füßen der Burg liegt die nette Altstadt von Hilpoltstein.

Bier

IM HOPFENLAND

In Weltenburg steht die älteste noch arbeitende Klosterbrauerei der Welt, im Spalter Land wird seit Jahrhunderten feinster Edelhopfen angebaut, und im Altmühltal versteht man sich auf die Kunst des Brauens. In den Gasthäusern und Biergärten kommt man in der ganzen Region auf echten Biergenuss.

Maximilian Krieger werkt am Braukessel im Riedenburger Brauhaus.

Bei diesem Thema wird man im Altmühltal poetisch. „Das Bier perlte wunderbar, die zurückgebliebenen Feststoffe machten es undurchsichtig trüb, und zuoberst bildete sich eine feste Schaumkrone, die sich gleichmäßig etwa anderthalb Zentimeter über den Glasrand hinaus auftürmte. Besser und würdiger konnte man eine Halbe nicht kredenzen," schreibt Thomas Neumeier in seinem Altmühltal-Krimi, der in Beilngries spielt und passenderweise „Reinheitsgebot" heißt. Mehr soll nicht verraten werden, außer dass beim Bierbrauen das richtige Wasser eine wichtige Rolle spielt – und natürlich neben dem Malz der richtige Hopfen.

DAS GRÜNE GOLD

Während der Erntezeit im August laufen auf dem Hof von Michael Forster in Altmannstein laut ratternd die Maschinen, die die Dolden von den Reben trennen und zum Trocknen befördern. Es ist warm an diesem Abend, und oben auf der Darre wird es heiß. Schwitzend steigt man die Treppen hoch. Um die Dolden zu konservieren, werden sie dort bei einer Temperatur von circa 65 Grad Celsius innerhalb weniger Stunden auf etwa zehn Prozent Wassergehalt getrocknet. Es erfordert Fingerspitzengefühl und eine Menge Erfahrung, um zu wissen, wann der Hopfen „passt".

Die Hopfengärten von Altmannstein sind ein Siegelbezirk („Siegel" bürgen für die Echtheit des Hopfens) in der Hallertau, dem größten zusammenhängenden Hopfenanbaugebiet der Welt. Auf rund 14 000 Hektar ranken sich hier die Hopfenreben viele Meter hoch in den Himmel, der Ertrag deckt rund 85 Prozent des deutschen und gut ein Drittel des Weltmarkts. Auch im Naturpark Altmühltal wird bei Beilngries und Kinding Hopfen angebaut. Sie gehören zum Anbaugebiet des weltberühmten Aromahopfens von Spalt. Urkundlich belegt ist der Hopfenanbau hier seit 1341. Um seine hohe Qualität zu schützen, erhielt er bereits 1538 vom Eichstätter Fürstbischof, dem damaligen Landesherrn, das erste Hopfensiegel der Welt. Seit 2012 ist der Spalter Hopfen als geschützte Ursprungsbezeichnung bei der EU eingetragen.

Ohne Hopfen kein Bier. In der Region um Spalt wird der berühmte Spalter Aromahopfen angebaut.

So lässt sich der Sommer aushalten: Biergarten Weißes Bräuhaus in Kelheim (o.). Produktpalette der Bio-Brauerei Riedenburger Brauhaus (u.).

EINMALIG KOMMUNAL

In Deutschland gibt es über 1500 Brauereien, vom Großkonzern bis zur Hausbrauerei, rund 640 davon finden sich in Bayern. Allein im Naturpark Altmühltal sind es 25 und in den Landkreisen von der Quelle bis zur Mündung mehr als 60. Die Spalter Stadtbrauerei nimmt dabei eine Sonderstellung ein, denn sie ist deutschlandweit die letzte kommunale Brauerei. Ihre Besitzer sind die Spalter Bürger, die mit ihrem Bürgermeister zugleich auch den Geschäftsführer wählen. Seit 2011 ist sie Mitglied von „Slow Brewing“, dessen Gütesiegel ein behutsames Herstellungsverfahren und die Verwendung hochwertiger Rohstoffe garantiert.

DEN KLÖSTERN SEI DANK

Als Heilpflanze bei Magenbeschwerden oder Schlafproblemen war der Hopfen schon seit der Antike bekannt, seine Karriere in der Braukunst verdankt er wohl den Klöstern. In Spalt waren es die Benediktiner, die um 810 seinen Anbau in der Region initiierten. Dabei ging es im Mittelalter weniger um den Geschmack des Bieres, das vor Einführung des Reinheitsgebots 1516 mit allen möglichen Pflanzen gewürzt wurde, als um die konservierende, antibakterielle Wirkung, die man aus der Volksmedizin kannte. Nach einem alten Benediktinerrezept und mit eigenem Quellwasser braut in Weltenburg die Klosterbrauerei das „Barock Dunkel“, das nur schwach filtriert und nicht pasteurisiert im Felsenkeller reift und direkt über eine Pipeline in die Klosterschenke läuft. Diese älteste noch bestehende Klosterbrauerei der Welt ist seit 1050 in Betrieb. Am besten probiert man das Bier im wunderschönen Biergarten des Areals.

Einen urgemütlichen Biergarten besitzt auch das Weisse Bräuhaus in Kelheim, das seit 1607 Weizenbier braut – und damit die älteste Weißbierbrauerei Bayerns ist. Unter Maximilian I. (1598–1651) fiel das Recht, Weizenbier zu brauen, an die bayerischen Landesherren, die sich damit erhebliche Staatseinnahmen sicherten. Dieses „Weißbiermonopol“ wurde erst 1798 aufgehoben. Die „Schneider Weiße“ des Weissen Bräuhauses ist ein deutschlandweiter Renner. In der Brauerei Gutmann in Titting, die seit 1913 ausschließlich Hefeweizen braut, kann man bei Führungen hinter die Kulissen blicken und sieht dabei auch die eigene Mälzerei, auf die man bei Gutmann besonders stolz ist.

Fakten & Informationen

Hopfen
Hopfenerlebnishof Michael Forster in Altmannstein
www.hopfenerlebnishof.de, Führungen nur nach Voranmeldung.

Biermuseen
HopfenBierGut in Spalt, www.HopfenBierGut.de
Brauereimuseum in Beilngries, www.beilngries.de
Heimat- und Brauereimuseum in Pleinfeld, www.pleinfeld.de

Brauereiführungen (Auswahl)
Stadtbrauerei Spalt, www.spalter-bier.de; Brauerei Gutmann in Titting, www.brauerei-gutmann.de; Riedenburger Brauhaus, www.riedenburger.de; Klosterbrauerei Weltenburg, www.weltenburger.de; Kuchlbauer in Abensberg, www.kuchlbauer.de

Braukunst trifft Baukunst: In Abensberg besitzt die Weißbierbrauerei Kuchlbauer mit einem Turm von Friedensreich Hundertwasser und Peter Pelikan eine kunstvolle Hommage an das bayerische Bier.

Maßstab 1:200.000
0 4km
NÜRNBERG
STEIN
OBER-ASBACH
SCHWABACH
Feucht
Winkelhaid
ALTDORF
Leinburg
Burgthann
Schwarzenbruck
Wendelstein
Schwanstetten
Rednitzhembach
Postbauer-Heng
Pyrbaum
Allersberg
ROTH
Büchenbach
Kammerstein
Rohr
Roßtal
Großhabersdorf
Ammerndorf
Dietenhofen
HEILSBRONN
Petersaurach
Neuendettelsau
WINDSBACH
ABENBERG
Georgensgmünd
HILPOLTSTEIN
FREYSTADT
HEIDECK
Röttenbach
SPALT
Pleinfeld
GUNZENHAUSEN
Haundorf
MERKENDORF
WOLFRAMS-ESCHENBACH
Weidenbach
Lichtenau
Sachsen bei Ansbach
Weihenzell
Bruckberg
Muhr am See
ORNBAU
Absberg
Fränkisches Seenland
Auf dem Sand
Naturpark Frankenhöhe
Naturpark Altmühltal
Reichswald
Lorenzer
Großer Brombachsee
Burgenstraße
1
2
3
4
5
6
7
8

VIELFÄLTIGE SEENLANDSCHAFT

Das Fränkische Seenland ist ein attraktives Urlaubs- und Erholungsgebiet. Hier bieten sieben Seen Sport- und Freizeitmöglichkeiten, führen Wander- und Radtouren durch Wälder, Wiesen, Obst- und Hopfengärten. Unterwegs entdeckt man Burgen, historische Mühlen und Städte mit interessanter Geschichte und breitem Unterhaltungsangebot.

1 Wolframs-Eschenbach

Die Heimatstadt (3100 Einw.) Wolframs von Eschenbach wurde vom Deutschen Orden planvoll angelegt. Den historischen Kern innerhalb der Stadtmauer (14./15. Jh.) prägen Bauten aus Mittelalter und Renaissance.

SEHENSWERT
Das romanisch-gotische **Liebfrauenmünster** (ab 13. Jh.) ist eine der ältesten Hallenkirchen Deutschlands. Sein Rosenkranzaltar (1510) stammt aus der Schule von Veit Stoß. Daneben stehen das **Deutschordensschloss**, ein Renaissancebau von 1623, und die Zehntscheune von 1596/97. Das Ensemble am Liebfrauenmüster vervollständigt das barocke **Alte Rathaus** (1684/85) mit dem **Museum Wolfram von Eschenbach** (April–Okt. Di. bis So. 14.00–17.00, So. auch 10.30–12.00, Nov. bis März Sa., So. 14.00–17.00 Uhr).
Eine **„Lauschtour"** (App oder iPod im Tourismusbüro ausleihen) erzählt an Stationen in der Stadt aus der Zeit der Minnesänger.

INFORMATION
Bürger- und Tourismusbüro
Wolfram-von-Eschenbach-Platz 1
91639 Wolframs-Eschenbach
Tel. 09875 9755 50
www.wolframs-eschenbach.de

2 Merkendorf

Das gut 1000 Jahre alte Merkendorf (3000 Einw.) ist die „Krautstadt" der Region. Die Stadtmauer stammt aus dem 14. Jh.

SEHENSWERT
Am **Marktplatz** steht das gotische Rathaus (15. Jh.), davor plätschert der **Krautbrunnen**. Auf der ehemaligen Zehntscheune nistet ein Storchenpaar, im Inneren beherbergt sie das **Heimatmuseum** (Marktplatz 4, März–Okt. 3. So. im Monat 14.00–17.00 Uhr).

ERLEBEN
Kreativ ist das Angebot der **Sommerakademie** mit Bildhauer-, Mal- und Literaturkursen. Die Kurse sind ein- oder mehrtägig (www.merkendorf.de).

Das mittelalterliche Obere Tor in Wolframs-Eschenbach (o.l.); Kirschernte beim Brombachsee (o.r.); Badefreuden am Altmühlsee (u.)

VERANSTALTUNGEN
Beim **Heglauer Krautfest** (3. So. im Sept.) hat der Krautbauernhof Reuter Tag der offenen Tür (Heglau 8, www.merkendorfer-kraut.de).

INFORMATION
Touristinformation
Marktplatz 1, 91732 Merkendorf
Tel. 09826 65 00, www.merkendorf.de

3 Ornbau

Das rund 1200 Jahre alte malerische Ornbau ist mit gut 1700 Einwohnern eine der kleinsten Städte Deutschlands.

SEHENSWERT
Die **Brücke** aus dem 17. Jh. bekrönt eine barocke Skulptur des heiligen Nepomuk (1752). Die Pfarrkirche St. Jakobus wurde seit 1053 immer wieder umgebaut – zuletzt geschah dies 1966/1967.

ERLEBEN
Im Ortsteil Gern liegt das **Freizeitzentrum** am Altmühlzuleiter mit Bademöglichkeit und Bootsverleih. Bis zum Altmühlsee erstrecken sich die Feuchtwiesen des **Wiesmet** (1100 ha). Vogelbeobachtung auf dem Rundweg ab Ornbau und einer Plattform bei Mörsach.

UMGEBUNG
Am **Altmühlsee** (8 km südl.) liegt das über 200 ha große Naturschutzgebiet **Vogelinsel** **TOPZIEL**. Mehr als 300 Vogelarten, darunter seltene Wasser- und Watvögel, sind in dem bedeutenden Brut- und Rastgebiet nachgewiesen. Ein Lehrpfad und Führungen beginnen in Muhr am See (Parkplatz Fichtenstraße, 15. März–15. Okt. Mi., So. 16.00 Uhr; Umweltstation Altmühlsee, www.altmuehlsee.lbv.de).

INFORMATION
Stadt Ornbau
Vorstadt 1, 91737 Ornbau
Tel. 09826 378, www.ornbau.de

4 Gunzenhausen

Gunzenhausen (16 600 Einw.) ist der städtische Mittelpunkt der zentralen Seenregion und bietet neben touristischer Infrastruktur Kultur und hohen Freizeitwert.

SEHENSWERT
Den **Marktplatz** prägen barocke Bauten, älter sind die Reste der Stadtmauer mit dem **Blasturm** (1603) und dem **Färberturm** (um 1300), von dem man eine schöne Aussicht hat. Im Ortszentrum steht die gotische Stadtkirche **St. Marien** (Kirchenpl. 11) mit den mittelalterlichen Fresken auf dem Areal des **Römerkastells**. Zu den Resten des **Limes** führt ein Rundweg (4 km) im Burgstallwald.

MUSEEN
Das **Archäologische Museum** legt den Schwerpunkt auf die Römerzeit (Brunnenstr. 1, Mai–Sept. Mo.–Fr. 9.00–12.30, 14.00–18.00, Sa. 10.00–14.00; Okt.–April Mo.–Fr. bis 17.00, Sa. bis 13.00 Uhr, www.archaeologisches-museum.gunzenhausen.de). Fossilien aus aller Welt zeigt das **Fossilien- und Steindruckmuseum** (Sonnenstr. 4, Gründonnerstag bis 1. Advent tgl. 10.00–12.00, 14.00–17.00 Uhr, www.fossilien-und-steindruck-museum.de).

UMGEBUNG
15 km östl. fährt am **Brombachsee** der Trimaran MS Brombachsee von April bis Nov. (www.msbrombachsee.com). 20 km östl. unterhalten in **Pleinfeld** die Fürst Carl Sommerrodelbahn (tgl. 13.00–18.00, www.fuerst-carl.de) und der Indoor Fun Park (Mackenmühle 29, www.funpark-pleinfeld.de). 10 km westl. bietet das San-Shine-Camp Bogenschießen, Tiergehege und Holz-Tipis zum Übernachten (San-aktiv-Tours, www.san-aktiv-tours.de). 26 km südöstl. erzählt das Limeseum anschaulich vom römischen Leben am Limes (Römerpark **Ruffenhofen** 1, Di.–Fr. 10.00–16.00 Uhr, Sa., So., Fei. 11.00–17.00 Uhr, www.limeseum.de). In **Absberg** (12 km östl.) verkauft die Prunothek flüssiges Obst (Hauptstr. 10, Tel. 09175 840, www.echtbrombachseer.de).

INFORMATION
Touris Info
Rathausstr. 12, 91710 Gunzenhausen
Tel. 09831 50 83 00, www.gunzenhausen.de

Tipp

Schwimmende Häuser

Für alle, die vom Wasser gar nicht genug bekommen können, bieten die schwimmenden Ferienhäuser von Eco Lodges eine Alternative zum Urlaub auf dem Festland. Wie auf einer Insel wohnt man in den komfortablen Domizilen mit Küche, Dach- und Deckterrasse in der Marina Ramsberg am Großen Brombachsee. Die Häuser bieten Platz für vier Personen. Hunde sind willkommen. Ab zwei Nächten buchbar.

Buchung
ELG Eco Lodges, Tel. 089 51 11 02 01, www.eco-lodges.de

5 Spalt

Die 1200 Jahre alte Stadt (5000 Einw.) entwickelte sich aus dem fränkischen Urkloster St. Salvator. Aus Spalt stammt der Reformator Georg Spalatin (1484–1545), ein Freund Martin Luthers. Seit 2016 gehört die Stadt dem internationalen Cittàslow-Netzwerk an.

SEHENSWERT
In die teils erhaltene **Stadtmauer** integriert ist das **Schlenzgerhaus** im Westen. Das **Rathaus** (1751–56) residiert in einem barocken Palais, die benachbarte barocke Kirche **St. Nikolaus** ziert Stuck der Wessobrunner Schule, an der Friedhofsmauer steht das **Spalatin-Denkmal**. 1519 schenkte Georg Spalatin der Kirche **St. Emmeran** die Spalatin-Madonna. Im Kornhaus widmet sich das **Museum HopfenBierGut** dem Spalter Hopfen und Bier (Gabrielipl. 1, www.HopfenBierGut.de, Di.–So. 10.00–17.00 Uhr).

VERANSTALTUNGEN
Spalter Sommernachtsspiele im Juli.

UMGEBUNG
In **Kalbensteinberg** (6 km westl.) veranstaltet die Brennerei Kalbensteinberg Schaubrennen und Verkostungen der „Original Kalber"-Brände (Kalbensteinberg 122, www.brennerei-kalbensteinberg.de). Im Kirschgarten der Familie Volkert kann man nach Anfrage Kirschen pflücken und kaufen (Tel. 0157 71 53 93 87). Östlicher Nachbarort von Spalt ist **Georgensgmünd** mit einem der ältesten und größten jüdischen Friedhöfe Bayerns.

INFORMATION
Tourist-Information
Gabrielipl. 1 (im Kornhaus), 91174 Spalt
Tel. 09175 79 65 50, www.spalt.de

Rückzugsgebiet für Wasservögel, Insekten und seltene Pflanzen: das Naturschutzgebiet Vogelinsel im Altmühlsee

6 Abenberg

Die knapp 1000 Jahre alte Stadt (5500 Einw.) gehörte bis 1803 dem Fürstbistum Eichstätt und ist Station an der Burgenstraße.

SEHENSWERT
Burg Abenberg (ursprgl. 11. Jh.) dient heute als Museum und Hotel-Restaurant. Auf der Burg lädt das **Haus fränkischer Geschichte** zu einer Zeitreise durch Franken und in die Welt der Ritter ein, das **Klöppelmuseum** präsentiert Spitzen (Burgstr. 16, März–Dez. Do.–So. 11.00–17.00 Uhr., April–Okt. Di.–So., www.museenabenberg.de).

HOTEL / RESTAURANT
Zum **€€ Hotel Burg Abenberg** mit 22 Zimmern in historischem Ambiente gehört das **€€€€** Feinschmeckerlokal **MUNDart** (Burgstr. 16, 91183 Abenberg, Tel. 09178 98 29 90, www.hotel-burg-abenberg.de).

INFORMATION
Stadt Abenberg
Stillaplatz 1, 91183 Abenberg
Tel. 09178 9 88 00, www.abenberg.de

7 Roth

Die Kreisstadt an der Roth (25 000 Einw.) unterstand bis 1792 dem Fürstentum Ansbach. Vom späten 18. bis ins 20. Jh. war sie ein Zentrum der Leonischen Industrie (Drahtherstellung).

SEHENSWERT
Ein Wahrzeichen ist **Schloss Ratibor** (erb. 1535–1538) aus der Renaissance. Das Museum im Schloss besitzt eine Sammlung zur Geschichte von Schloss und Stadt (April–Okt. Di. bis So. 13.00–17.00 Uhr, www.schloss-ratibor.de). Ein Bummel führt zum **Alten Rathaus** mit Rokoko-Dach von 1759 (Hauptstr. 14), durch die Kugelbühlstraße und zum **Marktplatz** mit Rokoko-Brunnen und Zierfachhaus **Riffelmacherhaus** (17./18. Jh.). Der Leonischen Industrie widmet sich das **Fabrikmuseum** (Obere Mühle 1, Ende März–Okt. So. 13.30–16.30 Uhr, www.fabrikmuseum-roth.de).

VERANSTALTUNGEN
Überregional bekannt ist der **Triathlon DATEV Challenge Roth** (www.challenge-roth.com); der

weltweit größte Triathlon über die Langdistanz findet im Juli statt. Die **Bluestage** (März/April, www.bluestage.de) steigen u.a. in der Kulturfabrik (Stieberstr. 7, www.kulturfabrik.de), ebenso der **Rother Kabarettherbst** (Sept.–Nov.).

UMGEBUNG
Bei **Eckersmühlen** (6 km südöstl.) liegt das Museum Historischer Eisenhammer (siehe „Dumont Aktiv" nebenstehend, April–Okt. Mi.–So. 13.00–17.00 Uhr, März nur Sa. und So., Tel. 09171 81 20 20).
Der **Rothsee** (10 km südöstl.) bietet Möglichkeit zum Baden, Windsurfen, Segeln, Angeln, Wandern und Radfahren.

INFORMATION
Tourist-Information im Schloss Ratibor
Hauptstr. 1, 91154 Roth
Tel. 09171 84 85 13, www.stadt-roth.de

8 Hilpoltstein

Hilpoltstein (13 700 Einw.) und seine Burg blicken auf eine über 1000 Jahre alte Geschichte zurück. Das historische Stadtbild prägen Sandstein- und Fachwerkhäuser.

SEHENSWERT
Zur **Stadtbefestigung** gehört die Ruine der Burg (um 1100, April–Okt.) mit dem Traidkasten (1473). Auf der Stadtmauer steht auch der ehemalige Adelssitz **Jahrsdorferhaus** (1523, Johann-Friedrich-Str. 13). Die **Stadtmauer** (13. Jh.) kann auf einem Rundgang (1,5 km) erkundet werden. Das **Residenzschloss** (1618, Kirchenstr. 1) ist Sitz von Ämtern, die benachbarte gotische **Pfarrkirche** wurde 1732 barockisiert. Sehr schön ist das **Rathaus** von 1417 (Marktstr. 1).

MUSEUM
Im **Museum Schwarzes Ross** sieht man Exponate zum Bau- und Brauhandwerk und einen Wehrgang der Stadtmauer (Marktstr. 10, Mai bis Okt. Di.–So. 13.00–17.00, So. 13.30–16.30 Uhr, Tel. 09174 97 85 07).

RESTAURANTS
Gasthaus **€ Gutmann zur Post** hat einen idyllischen Biergarten und serviert bayerisch-fränkische Küche (Marktstr. 8, Tel. 09174 4 79 50, www.gutmann-zur-post.de).
4 km südwestl. ist der historische **Landgasthof Fuchsmühle** Station auf dem Mühlenweg (siehe „Dumont Aktiv" nebenstehend, Tel. 09174 93 85, www.fuchsmühle.de).

VERANSTALTUNG
Mittelalterfest, Burgfest und Burgspiel im Mai bzw. Juli/Aug. (siehe „Unsere Favoriten", S. 114). Bei **Rock hinter der Burg** im August treten Livebands auf.

INFORMATION
Amt für Kultur und Tourismus
Kirchenstr. 1, 91161 Hilpoltstein
Tel. 09174 97 85 05, www.hilpoltstein.de

AUF DEN SPUREN DER MÜLLER

Der Mühlenweg von Roth nach Hilpoltstein führt durch die malerische Landschaft entlang der Roth zu 17 historischen und teils noch genutzten Mühlen, in denen früher Mehl gemahlen, Eisen geschmiedet, Holz verarbeitet, Wolle zu Loden gewalkt und vieles mehr produziert wurde.

Immer dem Mühlrad auf blauem Grund folgend, wandert man am Flussufer entlang auf naturnahen Wegen, die teils auch zum Radfahren geeignet sind. Highlights sind unter anderem das Fabrikmuseum der Leonischen Industrie in Roth und der Historische Eisenhammer in Eckersmühlen, in dem der Schmied noch heute die Funken sprühen lässt. In der Schweizermühle bei Hofstetten dreht sich noch das große Wasserrad, hier kann man sich mit allen möglichen Mehlsorten eindecken. Insgesamt ist

Heißer Beruf: Im Historischen Eisenhammer in Eckertsmühlen zeigt ein Fachkundiger, wie einst die Schmiede arbeiteten.

die Strecke rund 19 Kilometer lang, als reine Gehzeit sollten vier bis fünf Stunden eingeplant werden. Der Weg lässt sich jedoch problemlos auch in zwei Etappen unterteilen: Am ersten Tag geht es von Roth nach Hilpoltstein, am zweiten dann von Hilpoltstein nach Eysölden.

Für Stärkung sorgen entlang des Weges einige Gasthöfe. Besonders schön gelegen ist unweit der Schweizermühle der Landgasthof Fuchsmühle in einem Gebäude von 1742 – die Geschichte der einstigen Mühle reicht gar bis ins 14. Jahrhundert zurück. Heute lässt man sich dort im Biergarten als Spezialitäten heimische Fische und Damwild schmecken.

Länge und Gehzeit: 19 km Gesamtlänge/4–5 Stunden

Broschüre mit Beschreibungen der Strecke und der Mühlen (inklusive GPX-Datei zum Downloaden) erhältlich bei: Landratsamt Roth, www.landratsamt-roth.de/aktivunterwegs, Tourist-Information Hilpoltstein www.hilpoltstein.de/wandern

RATHAUSCAFE

Nördlinger Ries

*

IM KRATERKREIS

*

Eine Landschaft aus dem All: Vor knapp 15 Millionen Jahren schlug im Grenzgebiet zwischen Fränkischer und Schwäbischer Alb ein riesiger Meteorit ein und schuf einen gewaltigen Krater. Wo sich einst die kosmische Katastrophe ereignete, liegt heute das bildhübsche und quicklebendige Nördlingen inmitten des fruchtbaren Nördlinger Rieses.

Vom „Daniel" aus, dem Turm von Nördlingens Kirche St. Georg, ist die historische Altstadt bestens zu überblicken.

Die Katastrophe kam schnell, und sie war gigantisch: Rund 1000 Meter Durchmesser hat der Asteroid, der vor knapp 15 Millionen Jahren mit 70 000 Stundenkilometern auf die Erde zurast. Als das kosmische Geschoss auf der Albhochfläche auftrifft, schlägt es mit der Sprengkraft von 250 000 Hiroshimabomben unter unvorstellbarem Druck und Hitze einen 4,5 Kilometer tiefen Krater. Das Gestein wird zerfetzt und bis zu 450 Kilometer weit geschleudert, eine Glutwolke schießt 100 Kilometer hoch in den Himmel. Als der steile Krater kollabiert, bildet sich ein großes, flaches Becken, über dem die Glutwolke zusammenbricht und eine mehrere 100 Meter mächtige Gesteinsmasse ablagert.

Nach Minuten ist alles vorbei. Im Umkreis von mindestens 100 Kilometern ist sämtliches Leben ausgelöscht, und die Trümmermassen haben auf rund 7000 Quadratkilometern eine neue Landschaft geschaffen. Der 25 Kilometer breite Krater füllt sich direkt nach dem Einschlag durch sintflutartige Regenfälle mit einem trüben Salzsee – rund zwei Millionen Jahre später wird er als Süßwassersee Lebensraum für Fische, Wasservögel und in seinem Schilfgürtel für Schildkröten, Schlangen und kleine Säugetiere bieten. Nach und nach verlandete der See, die heutige Landschaft entstand.

DES RÄTSELS LÖSUNG

Druck und Hitze schufen auch ein neues Gestein, das auf den ersten Blick wie die berühmte graue Maus wirkt, es aber in sich hat: Im Suevit (Suevia ist der lateinische Name für Schwaben) sind Granit, Gneis und aufgeschmolzenes Grundgebirge, die „Glasbomben" oder „Flädle" verbacken, aber auch winzigste Diamanten und die Minerale Coesit und Stishovit. Sie entstehen nur unter einem Druck von mehreren Millionen Bar – und solche Drücke kommen eigentlich nur bei Impakt-Ereignissen wie einem Meteoriteneinschlag vor. Als die US-Wissenschaftler Eugene Shoemaker und Ed-

Der Kraterrand, der das Nördlinger Ries umschließt, ist für seine artenreichen Blumenwiesen und Magerrasen berühmt, etwa bei Oettingen.

Links: Modellflieger auf dem Ipf bei Bopfingen. Aus dem Meteoritenkrater ist im Laufe von Jahrtausenden eine flache Landschaft geworden.

Ganz links: Der Doosweiher nördlich von Wemding bietet Liebhabern von feuchten Lebensräumen Platz, etwa dem Biber.

Rechts und unten: Auch in der kalten Jahreszeit lohnt Nördlingen einen Besuch. In der historischen Altstadt findet der „Romantische Weihnachts-Markt" statt.

Links: Das Rieskratermuseum in Nördlingen zeigt auf spannende Weise, was beim Einschlag der „Bombe aus dem All" geschah. Einzigartig und noch heute auffindbar sind durch den Impakt zertrümmerte, ja sogar aufgeschmolzene Gesteine.

Beim Nördlinger Hotel „Klösterle" handelt es sich um das einstige Langhaus einer Kirche, letzter Rest des Franziskanerklosters.

Die Abenddämmerung taucht Nördlingens Altstadtgassen in ein stimmungsvolles Licht.

ward C. T. Chao 1960 diese beiden Hochdruckquarze im Suevit fanden, war auch das Rätsel um die Entstehung des Rieses gelöst: Kein Vulkanausbruch, wie viele geglaubt hatten, sondern ein Asteroid hatte den Krater gebombt.

Die Idee, dass das Ries ein Impaktkrater ist, kam Shoemaker angeblich beim Anblick der Nördlinger St. Georgskirche, die aus Suevit und damit aus einem Stein erbaut ist, den der Himmel schuf. Vom 90 Meter hohen Glockenturm der Kirche, dem „Daniel", hat man einen herrlichen Blick bis zum südlichen Kraterrand. Jeden Tag ruft der Türmer wie vor Jahrhunderten nachts zwischen 22 und 24 Uhr alle halbe Stunde „So G'sell, so!" Was heute eine Touristenattraktion ist, diente einst der Sicherheit: Früher riefen in der Dunkelheit auch die Türmer der Stadttore von ihren hohen Aussichtsposten jede Stunde ihren Spruch, um zu zeigen, dass sie auf ihrem Posten waren.

SCHWEIN GEHABT

Um den merkwürdigen Ruf rankt sich natürlich eine Sage. Der zufolge wollte der Graf von Oettingen-Wallerstein 1440 angeblich Nördlingen erobern, um seine Finanzprobleme zu lösen. Um mit seinen Soldaten unbemerkt in die Stadt gelangen zu können, bestach er die Wächter des Löpsinger Tore, den Stadtzugang nicht zu verschließen. Zufällig sah jedoch am Abend eine Frau, wie sich ein Schwein an den Torflügeln rieb und diese sich dadurch öffneten. Mit einem lauten „So G'sell, so!" vertrieb sie erst das Schwein und schlug dann Alarm. Die Geschichte ist nicht unbedingt wahr, aber viel zu schön, um nicht erzählt zu werden. Die Nördlinger jedenfalls waren dem Schwein so dankbar, dass bis ins 18. Jahrhundert alljährlich am Gedenktag eine „Saupredigt" gehalten wurde. Heute verleihen sie lieber in geraden Jahren die „Sau von Nördlingen" an Nachwuchs-Kleinkünstler.

Am Löpsinger Tor steigt man hinauf auf die Stadtmauer, die als einzige in Deutschland samt Wehrgang, fünf Toren und einer Bastei vollständig erhalten ist. Fast drei Kilometer ist die Runde um die mittelalterliche Altstadt lang, die mit ihren Ziegeldächern als roter Kreis im Kraterkreis liegt und in der sich die historischen Stadtviertel der Handwerker und Kaufleute noch ausmachen lassen. Direkt an der Eger liegt das reizvolle Gerberviertel, in dem es heute nicht mehr stinkt, weil die letzte Gerberei 1961 geschlossen wurde.

ZURÜCK IN DIE URZEIT

Wenn Rothenburg ob der Tauber die Schönheitskönigin an der Romantischen Straße ist, dann darf sich Nördlingen als die bildhübsche Miss Romantic Road bezeichnen. Auf ihre vielen Besucher, die durch das malerische Zentrum bummeln, hat sich die Stadt mit gemütlichen Cafés und Lokalen eingestellt. Sie ist jedoch weit entfernt, als Freiluftmuseum in Schönheit zu erstarren. Auch Unternehmen und das Technologie Centrum Westbayern halten hier den Wirtschaftsmotor am Laufen.

Ringsum erstreckt sich im schützenden Ring des bis zu 150 Meter hohen Kraterrands eine fruchtbare Landschaft, in der seit rund 8000 Jahren Getreide angebaut wird. Eine archäologische Attraktion sind die Ofnethöhlen im Süden. Welches Schicksal die 33 Kinder, Frauen und Männer erlebten, deren Schädel vor rund 10 000 Jahren samt Grabbeigaben am Eingang der Großen Ofnethöhle bestattet wurden, mag man sich allerdings nicht ausmalen – die Vermutungen reichen von einem Massaker über Kannibalismus bis zu Menschenopfer.

KELTENFÜRST UND BRAUERFÜRST

Bemerkenswert sind auch die Besiedlungsspuren auf dem Ipf, einem markanten Zeugenberg der Schwäbischen Alb. Er liegt bei Bopfingen, das schon zu Baden-Württemberg gehört und mit seinen schönen Bürgerhäusern rund um

Rechts: Der „Daniel", Nördlingens höchster Kirchturm und Wahrzeichen der Stadt, ragt weithin sichtbar aus der topfebenen Rieslandschaft hervor.

Oben links: Im Vorhof des Oettinger Residenzschlosses sprudelt der wunderschön gestaltete Marienbrunnen. Er selbst wie das ganze Schloss wurden mit großem Aufwand saniert. Das war dem Land Bayern eine Denkmalschutzmedaille wert.
Mitte rechts: Im Inneren des Schlosses bezaubern die prächtigen Stukkaturen der Prunksäle.

Wer nach Nördlingen kommt, sollte in der spätgotischen St.-Georgs-Kirche, zu der der Daniel gehört, einen Blick auf das kunstvoll geschnitzte Chorgestühl werfen.

Auch von Schloss Baldern aus hat man einen exzellenten Blick auf das Nördlinger Ries. Die prunkvollen Gemächer des Barockschlosses können besichtigt werden.

den historischen Marktplatz schwäbische Gemütlichkeit ausstrahlt. Vor gut 2500 Jahren lag hier dank der wertvollen Eisenerzvorkommen ein frühkeltisches Machtzentrum, dessen Bedeutung weit über die Region hinausreichte.

In Bopfingen, wie Nördlingen einst eine Reichsstadt, treffen das liebliche Ries und die herbe Heide- und Waldlandschaft der Schwäbischen Alb zusammen. Einige Kilometer vor der Alb thront ähnlich wie der keltische Fürstensitz auf dem Ipf auf einer Bergkuppe das barocke Schloss Baldern an der Stelle einer Burg aus dem 11. Jahrhundert. Die Anlage gehört der Familie Oettingen-Wallerstein aus Wallerstein, wo der Aufstieg auf den Wallersteiner Felsen mit einem Panoramablick auf das Ries belohnt wird. Direkt unterhalb wird seit 1558 im fürstlichen Brauhaus Bier gebraut und im Felskeller gelagert.

DOPPELTES OETTINGEN

In Oettingen wird die Oettinger Familiengeschichte kompliziert. Die Stadt war einst der Hauptort der Grafschaft Oettingen, deren Territorium im Ries rund um Nördlingen lag. 1414 spaltete sich die Familie Oettingen in die Linien Oettingen-Oettingen und Oettingen-Wallerstein – und 1539 schloss sich der Zweig von Oettingen-Oettingen der Reformation an, während man in Oettingen-Wallerstein katholisch blieb. Bis 1731 war Oettingen eine geteilte Stadt mit zwei Herrschaften und zwei Religionen, zwei Bürgermeistern, Konfessionsschulen, Hebammen, Wirten und Nachtwächtern, zeitweise zwei Zeitrechnungen und sogar je nach Wohnsitz „katholischen“ und „evangelischen“ Juden mit zwei Synagogen. Die kuriose Spaltung der Stadt zeigt sich auch an den Häusern am Marktplatz: auf der einen Seite barocke Fassaden, auf der anderen Fachwerkgiebel. Und wer nun glaubt, die barocke Seite sei die katholische gewesen – was zu vermuten wäre –, der hat sich in den Seiten geirrt. In Oettingen ist der Barock am Markt evangelisch.

In vielen Schleifen windet sich die Wörnitz von Norden kommend durch das Ries, bis sie in Harburg dessen Südrand erreicht. Über der Stadt erhebt sich mit Schloss Harburg eine der größten Burganlagen Süddeutschlands.

In Wemding wurde der berühmte Arzt und Botaniker Leonhart Fuchs geboren, nach dem die Fuchsie benannt wurde. So kann ihm die Stadt mit üppigem Fuchsienschmuck an vielen Gebäuden aufs Schönste huldigen. Eine reiche Auswahl bietet Fuchsien-Spezialist Peter Unflath (Foto) in seiner Gärtnerei in Wemding.

Wahrzeichen Wemdings ist die Kirche St. Emmeran. Fromme Gläubige zieht es indes hinaus aus der Stadt: Dort liegt mit Maria Brünnlein eine der meistbesuchten Wallfahrtskirchen in Bayern.

Barock steht nicht nur für Kirchen und Schlösser: Die Jakobi-Kirchweih feiert Oettingen mit einem bunten Barock-Feuerwerk.

Auch der klassische Bauhaus-Stil ist in der Region vertreten, wie das Gebäude des KunstMuseum Donau-Ries in Wemding zeigt.

Geschichte

Special

Harburgs jüdische Geschichte

Vor ihrer Verfolgung im Nationalsozialismus waren von Rothenburg bis Kelheim viele Juden in der Region ansässig. Auch in Harburg lebte eine große Gemeinde.

In Rothenburg ob der Tauber, Nördlingen, Heideck, Weißenburg, Berching, Neumarkt – nachdem allein im 13. Jahrhundert bei Pogromen in der Region Hunderte Juden getötet worden waren, wurden sie ab dem 15. Jahrhundert vielerorts systematisch vertrieben. Manche siedelten sich auf dem Land an; in Harburg waren es 1671 fünf Familien, die von Graf Albrecht Ernst I. in Schutz aufgenommen wurden.

Um 1800 stellte diese bedeutende jüdische Landgemeinde ca. 25 Prozent der Einwohnerschaft. Im Deutschen Reich ab 1871 rechtlich endlich gleichgestellt, wanderten viele Juden im Zuge der Industrialisierung in die Städte ab. Vor der NS-Verfolgung konnten die meisten jüdischen Harburger fliehen, doch nicht alle überlebten den Terror. Viele Kommunen besinnen sich wieder auf ihre jüdische Geschichte. Zu den Harburger Zuzüglern von 1671 gehörte Moses Weil, dessen Familie in dem schönen Haus am Marktplatz 5 lebte. Viele Häuser mit jüdischer Tradition stehen in der Straße Egelsee, auch die Synagoge (1754). Westlich der Ortschaft liegt seit 1671 am Waldrand der jüdische Friedhof (www.stadt-harburg-schwaben.de).

Jüdischer Friedhof von Harburg

BLUMEN- UND KRÄUTERPAPST

Oettinger-Besitz ist auch die großartig erhaltene mittelalterliche Stauferburg Harburg, die hoch über dem romantischen Städtchen Harburg thront. Das benachbarte Wemding fiel dagegen 1467 an den bayerischen Herzog Ludwig den Reichen und entwickelte sich zu einer properen, prosperierenden Landstadt, deren Wohlstand sich an den stolzen Fachwerk- und Barockhäusern zeigt.

In Wemding kann man zur Wallfahrtskirche Maria Brünnlein, ins KunstMuseum Donau-Ries oder auf den Spuren von Leonhart Fuchs (1501–1566) pilgern, der im eineinhalb Meter breiten „Zwergenhäuschen" am Marktplatz zur Welt kam. Der Leibarzt des Ansbacher Markgrafen und „Vater der Botanik" verfasste die ersten deutschen Heilkräuterbücher. Nach ihm wurde die Fuchsie benannt. In Wemding kommen deshalb Blumenfreunde auf ihre Kosten, im Mai beim Fuchsien- und Kräutermarkt und den ganzen Sommer lang auf dem Rundgang durch die Altstadt, wenn an den Häusern die unterschiedlichsten Fuchsien blühen.

Die schönsten Urzeitziele

ERLEBNIS ERDGESCHICHTE

Im Altmühltal wogte einst ein karibisch warmes Meer, im Nördlinger Ries schlug ein gewaltiger Asteroid ein und die Donau suchte sich eines Tages einen neuen Weg – in der Landschaft hat dies großartige Spuren hinterlassen. Für geologisch Interessierte und Fossilienfans ist die Region ein einziges Wunderland.

1 Tropfsteinhöhle Schulerloch

Für diese faszinierende Unterwelt sollte man sich warm anziehen: In der 420 Meter langen Höhle herrschen konstant 9 Grad Celsius. Zu sehen sind bizarre Tropfsteinformationen. Eine mit Musik untermalte Inszenierung mit Projektionen an den Felswänden lässt virtuell und teils in 3-D die Urzeit der Erde, das Jurameer, die Urdonau sowie die eiszeitlichen Tiere und Neandertaler wiederauferstehen, die einst in der Höhle lebten. Ganz still ist es dagegen bei den Meditationen, bei denen man in staub- und pollenfreier Luft Kraft und Ruhe tankt. Im Eingangsturm der Höhle befindet sich ein kleines Museum.

Am Schulerloch 1a
93343 Essing
www.schulerloch.de
April, Sept., Okt. 10.00 bis 16.00, Mai–Aug. bis 17.00 Uhr, Führungen jeweils zur halben Stunde

2 Steinerne Rinne

Normalerweise graben sich Bäche ihr Bett, 500 Meter westlich von Wolfsbronn baut es sich ein Bächlein immer höher. Hier am Hahnenkamm ist das Wasser so kalkhaltig, dass seine Ablagerungen im Lauf der Zeit einen Kalksockel gebildet haben, der mittlerweile rund 1,6 Meter hoch und fast 130 Meter lang ist. Dem Lauf des Quellbachs folgt ein Wanderweg, der von Wolfsbronn an ausgeschildert ist.

Gemeinde Meinheim
Hauptstraße 37
91802 Meinheim
Tel. 09146 94 29 40
www.meinheim.de

3 RiesKrater-Museum

Dem „Big Bang" im Nördlinger Ries vor 15 Millionen Jahren im Besonderen und unserem Planetensystem im Allgemeinen widmet sich das RiesKraterMuseum anschaulich und unterhaltsam in einem Gebäude von 1503. Selbst Mondgestein und Meteoriten sind hier zu sehen, irdische Gesteine kann man nach Anfrage auf Führungen im Rieskrater erkunden.

RiesKraterMuseum
Eugene-Shoemaker-Platz 1
86720 Nördlingen
Tel. 09081 8 47 10
www.rieskrater-museum.de
Di.–So., Fei. 10.00–12.00, 13.30–16.30 Uhr

4 Felsgruppe Zwölf Apostel

Die mächtigen Kalktürme stehen zwischen Solnhofen und Eßlingen am nördlichen Talhang der Altmühl. Sie sind die Reste eines Riffgürtels des Jurameeres, das sich hier vor rund 150 Millionen Jahren erstreckte. Ringsum liegt eine geschützte Landschaft mit Trockenrasen, seltenen Pflanzen und Tieren. Direkt oberhalb verläuft der Altmühltal-Panoramaweg, den besten Blick hat man vom gegenüberliegenden Ufer.

Touristikinformation
Solnhofen
Bahnhofstr. 8
91807 Solnhofen
Tel. 09145 83 20 20
www.solnhofen.de

5 Der Ipf bei Bopfingen

Ein fast perfekter Kegel, aber kein Vulkan – der Ipf ist ein Zeugenberg der östlichen Schwäbischen Alb, der Bopfingen 200 Meter überragt. Auf dem Gipfelplateau reicht der Blick über das ganze Ries und sogar bis zu den Alpen, deshalb befand sich hier schon vor über 3000 Jahren eine bronzezeitliche Befestigung. Sie wurde viele Jahrhunderte lang genutzt und zu einem keltischen Machtzentrum aus- und umgebaut. Wenn Sie Mitte Juni kommen, blühen die Linden am Aufweg und hüllen den Berg in ihren Duft.

Touristikverein Ries-Ostalb
siehe S. 74, Bopfingen

6 Dohlenfels im Urdonautal

Rund 60 Kilometer verläuft der Urdonautalsteig in fünf Tagesetappen von Dollnstein durch das Wellheimer Trockental und zum Donaumoos. Auf der ersten Etappe nach Wellheim führt der Weg durch den Wald nach Konstein und zum Dohlenfelsen der 70 beeindruckende Meter am Nordhang des Urdonautals aufragt. Der Stein auf der Spitze zeigt der Sage nach einen betenden Bischof und damit ein göttliches Zeichen. Auch die Burgruine Wellheim ist sehenswert.

Tourismusverein
Urdonautal, Burgstraße 7
91809 Wellheim
Tel. 08427 15 13
www.wellheim.de

7 Burgsteinfels

Schon von Weitem sieht man den Burgsteinfelsen an der nördlichen Talseite der Altmühlschleife zwischen Dollnstein und Breitenfurt wie einen Turm aufragen. Der Kalksteinfelsen gehört zu den schönsten Geotopen in Bayern – und ist ein beliebtes Ziel für Kletterer, die hier 30 Routen der Schwierigkeitsgrade IV bis IX bezwingen. Der Felsen ist Station des Rundwegs Urdonautals (20 km) ab Dollnstein.

Touristinformation
Unterer Burghof 5
91795 Dollnstein
Tel. 08422 15 02
www.dollnstein-info.de

8 Kalktuffterrasse Hoher Brunnen

Zwei Kilometer westlich von Sollngriesbach hat das kalkreiche Wasser der Fränkischen Alb bemerkenswerte Sinterterrassen aufgeschichtet. Der „Hohe Brunnen" ist rund 40 Meter lang, 25 Meter breit, sieben Meter hoch und malerisch mit Moos bewachsen. An dem Naturdenkmal führt der Fernwanderweg Frankenweg vorbei – und nur ein Kilometer nördlich verläuft zudem bei Erasbach eine steinerne Rinne.

Tourismusbüro Berching
Pettenkoferplatz 12
92334 Berching
Tel. 08462 2 05 13
www.berching.de

9 Paläozoo Solnhofen

Superstar ist der Archaeopteryx, Starqualitäten hat aber auch das Sciurumimus-Baby. Mit großen Augen und buschigem Schwanz sieht es niedlich aus, seine Eltern waren aber wohl mächtige Raubdinosaurier. Im Museum Solnhofen werden Fossilien wie in einem Zoo in ihrem Lebensraum samt Vegetation und Nahrungskette präsentiert.

Museum-Solnhofen | Bürgermeister-Müller-Museum
Bahnhofstr. 8
91807 Solnhofen
Tel. 09145 83 20 30, www.museum-solnhofen.de

Schopfloch
Dürrwangen
Langfurth
GUNZENHAUSEN
DINKELSBÜHL
Ehingen
Gerolfingen
WASSERTRÜDINGEN
Wittelshofen
Weiltingen
Wilburgstetten
Heidenheim
Auhausen
Fremdingen
Tannhausen
Unterschneidheim
Marktoffingen
Maihingen
OETTINGEN
Hainsfarth
Munningen
Wallerstein
Wechingen
WEMDING
BOPFINGEN
NÖRDLINGEN
Deiningen
Alerheim
Möttingen
Ederheim
HARBURG (Schwaben)
Mönchsdeggingen
NERESHEIM
Bissingen
DONAUWÖRTH
Dischingen
Nattheim
Tapfheim
Schwenningen
Syrgenstein
Ziertheim
Finningen
Mödingen
Lutzingen
Deutsche Limesstraße
Romantische Straße
Schwäbische Albstraße
Straße der Staufer
Altmühltal
Naturpark
Ries
Maßstab 1:200.000
0 4km
1
2
3
4
5

EPOCHALER KESSEL

Im rund 1900 Quadratkilometer großen Geopark Ries streift man auf Rad- und Wandertouren durch Wiesen und Felder, durch Jahrmillionen Erdgeschichte und durch 40 000 Jahre Menschheitsgeschichte. Beim Bummel durch historische Städte entdeckt man Burgen, Schlösser, mittelalterliche Architektur und opulenten Barock.

1 Harburg

Das malerische Städtchen (5500 Einw.) liegt unterhalb der Harburg an der Wörnitz und ist Station an der Romantischen Straße.

SEHENSWERT
Über die Wörnitz führt seit 1729 die **Steinerne Brücke**, den **Marktplatz** säumen Fachwerkhäuser. Die **Harburg** (12. Jh.) gehört zu den bedeutendsten Burgen Süddeutschlands (www.burg-harburg.de, Mitte März–Anfang Nov. tgl. 10.00–17.00 Uhr, Führungen stdl.). Nahe dem Harburger Bock (siehe „Tipp" unten) liegt der jüdische Friedhof (siehe „Zur Sache", S. 69). Die Wörnitz eignet sich zum **Bootfahren**; Kanadierverleih beim Gasthof „Zum Goldenen Lamm".

HOTEL/RESTAURANT
Der 500 Jahre alte **€/€€ Gasthof Goldenes Lamm** bietet direkt an der Wörnitz gutbürgerliche Küche und Zimmer in historischen Gemäuern (Marktpl. 1, Tel. 09080 14 22, www.lamm-harburg.de). In der **€€/€€€ Burgschenke** des Schlosshotels Harburg speist man gehobene Küche in mittelalterlichem Ambiente und kann in einem der neun Zimmer im Schloss übernachten (Tel. 09080 15 04, https://burgschenke-harburg.de).

INFORMATION
Amt für Tourismus, Schlossstraße 1
86655 Harburg (Schwaben)
Tel. 09080 96 99 24
www.stadt-harburg-schwaben.de

Tipp

Schöne Aussicht

Eine besonders schöne Aussicht hat man am südöstlichen Rieskraterrand vom Bock-Berg knapp 2,5 km außerhalb von Harburg. Dort reicht der Blick weit über das Ries, das Wörnitztal und bis nach Donauwörth. Von der Harburger Altstadt folgt man der Beschilderung in Richtung Hühnerberg/Bock in südlicher Richtung, der Weg führt an der Harburg vorbei durch ein Landschaftsschutzgebiet hinauf zum Gipfelkreuz.

Informationen
www.stadt-harburg-schwaben.de

Nördlingen: Kirche und Brunnen am Rübermarkt (o.l.), Blick ins Innere von St. Georg (o.r.), schmucke Häuser im Gerberviertel (u.)

2 Nördlingen

Die Geschichte der 20 000-Einwohner-Stadt an der Romantischen Straße reicht bis ins 9. Jh. zurück, im 13. Jh. wurde sie Reichsstadt und bedeutendes Handelszentrum. Nördlingen ist Mitglied bei Cittàslow.

SEHENSWERT
Nördlingen hat ein einmaliges **historisches Zentrum TOPZIEL**. Die rundum begehbare **Stadtmauer** (14. Jh.) ist frei zugänglich und über die fünf Stadttore zu erreichen. Sehr hübsch sind die Kasarmen genannten Häuschen an der Stadtmauer, die Gerberhäuser an der Eger, das Tanzhaus (1442–1444) am Marktplatz sowie das **Rathaus** (13. Jh.) mit Renaissance-Freitreppe. Wahrzeichen der Stadt ist die gotische Hallenkirche **St. Georg** (15./16. Jh.) mit dem besteigbaren Turm **„Daniel"** (Ostern–Anf. Nov., Mo.–Fr. 9.30–12.30, 14.00 bis 17.00, Sa, So 9.30–17.00, sonst Di.–Sa. 10.30 bis 12.30, So. 9.30–12.30 Uhr).

MUSEEN
Von internationalem Rang ist das **RiesKrater-Museum** (siehe „Unsere Favoriten", S. 70). Das **Stadtmuseum** widmet sich im ehemaligen Heilig-Geist-Spital (15./16. Jh.) der Stadtgeschichte, u. a. den Schädeln aus der Ofnet-Höhle (Vordere Gerbergasse 1, www.stadtmuseum-noerdlingen.de). Im Löpsinger Turm residiert das **Stadtmauermuseum** (Ende März–Anf. Okt. Di.–So. 10.00–16.30 Uhr). Das **Bayerische Eisenbahnmuseum** zeigt beim Bahnhof über 100 Originalfahrzeuge und be-

treibt Museumszüge nach Dinkelsbühl und Gunzenhausen (Am Hohen Weg 1a, www.bayerisches-eisenbahnmuseum.de, Di.–Fr. 12.00 bis 16.00, Sa., So., Fei. 10.00–17.00 Uhr, März, April, Okt. nur Sa., So., Fei.). Guckkästen, Laterna Magica u.Ä. präsentiert das Museum **„augenblick"** (Pfarrgasse 2, www.musicamagica.de, Fr.–So. 15.00–17.00 Uhr nach Anmeldung).

ERLEBEN

Der **Geopark Ries** zeigt die geologischen und kulturellen Besonderheiten der Region (www.geopark-ries.de). **Radwandern** siehe „Ja natürlich", S. 75. Im Umland kann man u.a. auf dem **Schäferweg** (18 km) wandern.

VERANSTALTUNGEN

Die **Nördlinger Mess'** in der zweiten Woche nach Pfingsten gehört zu den größten Volksfesten der Region. **Scharlachrennen** siehe „Unsere Favoriten", S. 114.

UMGEBUNG

Rund 7 km südwestl. liegen die archäologisch interessanten **Ofnethöhlen** (S. 65) bei Holheim (B 466, Beschilderung folgen, Parkplatz am römischen Gutshof). In **Wallerstein** (6 km nördl.) prägen teils schöne Beamtenhäuser aus dem 18. Jh. das Bild. Das Alte Schloss (12./16. Jh.) wird für die Brauerei Wallerstein genutzt (www.fuerstwallerstein-brauhaus.de, Besichtigungen Mo.–Do. 7.30–12.00, 13.00–17.00, Fr. 7.30–12.00 Uhr), das klassizistische Neue Schloss ist nicht zu besichtigen.
In **Maihingen** (12 km nördl.) informiert im ehemaligen barocken Brigittenkloster das Museum KulturLandRies über Landwirtschaft und Alltagskultur im Ries (Klosterhof 3 und 8, www.museumkulturlandries.de, 15. Juni–15. Sept. Di.–So., Fei. 10.00–17.00, sonst 13.00–17.00 Uhr, Feb.–Mitte März geschl.).

INFORMATON

Tourist Information
Marktplatz 2, 86720 Nördlingen
Tel. 09081 8 41 16, www.noerdlingen.de

3 Bopfingen

Das baden-württembergische Bopfingen (11 700 Einw.) war ab 1241 Reichsstadt und besitzt eine hübsche Altstadt.

SEHENSWERT

Schmuckstück der **Stadtkirche St. Blasius** ist der gotische Flügelaltar (1472) von Friedrich Herlin. Das **Alte Rathaus** (1585/86) am Marktplatz mit dem Neptunbrunnen ist ein prächtiges Renaissance-Fachwerkhaus. Die Stadtmauer ist teils restauriert. Das barockisierte (1737) **Schloss Baldern** (11. Jh.) präsentiert Waffen, adelige Wohnkultur und „Walled Gardens" im engl. Stil des 19. Jh. (April–Okt. Do., Fr. 13.00–17.00, Sa., So., Fei. 10.00–18.00 Uhr, Walled Gardens Di.–Fr. 11.00–17.00, Sa., So., Fei. 10.00–17.00 Uhr, www.fuerstwallerstein.de). Auf dem **Ipf** (siehe „Unsere Favoriten", S. 71) befand sich vor rund 2500 Jahren ein kelti-

Das Flüsschen Wörnitz bei Oettingen im Spätherbst (o.l.); Festsaal im Residenzschloss (u.); Maria Brünnlein in Wemding (o.r.)

sches Machtzentrum. Am Fuß des markanten Zeugenbergs gibt ein Infopavillon einen Überblick zu Geologie und Archäologie.

MUSEEN

In einem Fachwerkhaus (1505) widmet sich das **Museum im Seelhaus** der regionalen Natur- und Kulturgeschichte (Spitalplatz 1, www.bopfingen.de, März–Okt. Di.–Fr. 14.00–16.00, Sa., So., Fei. 14.00–17.00, Nov.–Feb. Sa., So., Fei. 14.00–17.00 Uhr). Die Historische Kräuterkammer der **Reichstags-Apotheke** (1720) ist über die Tourist-Info zu besichtigen, ebenso die **ehemalige Synagoge** (1812).

VERANSTALTUNGEN

Im Juli wird das Volksfest **Ipfmesse** gefeiert. Die **Historischen Heimattage** im Okt. werden von Kunst, Musik, Kultur und Landsknechtlagern begleitet.

INFORMATION

Touristikverein Ries-Ostalb
Marktplatz 1, 73441 Bopfingen
Tel. 07362 8 01 60, www.bopfingen.de

4 Oettingen

Die Gemeinde (5100 Einw.) an der Wörnitz war ab 1411 Residenzstadt der Grafen und späteren Fürsten zu Oettingen. Jahrhundertelang regierten hier zwei Höfe unterschiedlicher Konfessionen, im Stadtbild ist dies noch zu sehen. Die Altstadt lädt mit malerischen Gassen, Plätzen und Brunnen zum Spaziergang ein.

SEHENSWERT

Der Stadtkern ist weitgehend noch von der **Stadtmauer** (13. Jh.) umgeben. Am **Marktplatz** stehen sich die evangelischen Barockbauten (Ostseite) und katholischen Fachwerkhäuser (Westseite) gegenüber, herausragend ist das ab 1431 erbaute **Rathaus**. Vom Turm der barockisierten **St.-Jakob-Kirche** (14./15. Jh.) hat man einen weiten Blick.
Das barocke Fürstliche **Residenzschloss** (1679–1687) beeindruckt mit opulenter Ausstattung, prächtigem Festsaal und Stukkaturen von Mathias Schmuzer (Schloßstr. 1, nur mit Führung zu besichtigen, Palmsonntag–Allerheiligen Di.–Sa. 14.00, So. Fei. 11.00, 14.00, 15.00, Juli/Aug. Di.–Sa. auch 11.00 Uhr, www.oettingen-spielberg.de).

MUSEEN

Das Heimatmuseum beschäftigt sich mit (Alltags-)Geschichte (Hofgasse 14, www.heimatmuseum-oettingen.de, Mi.–So. 14.00–17.00 Uhr). Über die Entstehung und Besiedlung des Rieses informiert das **Geopark Ries Infozentrum** im Rathaus (Schlossstr. 36, Mai.–Sept. Mo. bis Fr. 8.00–17.00, Do. 8.00–17.30, Sa. 10.00 bis 13.00, Okt.–April Mo.–Mi. 8.00–16.00, Do. 8.00 bis 17.30, Fr. 08.00–12.30 Uhr).

ERLEBEN

Oettingen ist eine **Storchenhochburg**, den Wegweiser zu den Storchennestern erhält man in der Tourist-Information (Download unter www.oettingen.de/stoerche-in-oettingen).

VERANSTALTUNGEN

Jakobi-Kirchweih (siehe „Unsere Favoriten", S. 114) im Juli. Überregional bekannt sind die **Oettinger Residenzkonzerte** (Mai–Okt., www.oettinger-residenzkonzerte.de).

HOTEL/RESTAURANT

Die **€/€€ Goldene Gans** im Zentrum serviert in einem barocken Haus regionale Küche auch im Biergarten, die Zimmer sind gemütlich (Königstr. 5, Tel. 09082 24 10, www.hotel-goldene-gans.de).

INFORMATION

Tourist-Information
Schloßstr. 36, 86732 Oettingen i. Bay.
Tel. 09082 7 09 52, www.oettingen.de

5 Wemding

Das über 1200 Jahre alte Wemding (5800 Einw.) hat einen kreisrunden historischen Kern mit Stadtbefestigung und einen der schönsten Marktplätze Schwabens.

SEHENSWERT
Der Geburtsort des Botanikers Leonhart Fuchs (1501–1566) schmückt seine Bürgerhäuser im Sommer mit Fuchsien. Sein **Geburtshaus** (Zwergenhaus) befindet sich am Marktplatz beim **Rathaus** (1552). Wemdings Wahrzeichen ist die doppeltürmige **Stadtkirche St. Emmeran** (urspr. 11. Jh.) mit barockem Hochaltar. Die **Wallfahrtsbasilika Maria Brünnlein** **TOPZIEL** (um 1750) 1 km westl. ist nach Altötting die bedeutendste Marienwallfahrtsstätte Bayerns (Oettinger Str. 103, tgl. 8.30–20.00 Uhr).

MUSEEN
Das Kreativzentrum **KunstMuseum Donau-Ries** zeigt moderne und afrikanische Kunst (So. 14.30–16.30 Uhr), das **Heimatmuseum** Kulturgeschichte (Schlosshof 1, über die Tourist-Info), die Geopark-Infostelle die Erdgeschichte des Rieses (Mangoldstr. 5, Mo.–Fr. 9.30 bis 17.00 Uhr). Der **Folterturm** informiert über die Hexenverfolgung (nur über Tourist-Info).

VERANSTALTUNGEN
Der **Fuchsien- und Kräutermarkt** bringt im Mai Farbe und Düfte in die Stadt.

INFORMATION
Tourist-Information Wemding
Mangoldstr. 5, 86650 Wemding
Tel. 09092 96 90 35, www.wemding.de

Tipp

Sagenhafter Weg

Der Doosweiher, wo der Sage nach das „Huaterle“ mit dem breitkrempigen Hut und nachts die „Drei weißen Nonnen“ geistern, ist eine Station auf dem unterhaltsamen Sagenweg. Start und Ziel der Rundtour (13,6 km, 3,5 Std.) ist der Johannisweiher in Wemding. Entlang des Riesrands bieten sich unterwegs in einem Kalk- und einem Suevitsteinbruch geologische Einblicke und an der „Schönen Aussicht“ und dem „Hessenbühl“ weite Ausblicke. Die Strecke führt durch Wald und hügeliges Gelände nach Maria Brünnlein und auf dem Skulpturenweg sowie durch die Wemdinger Altstadt zurück zum Ausgangspunkt. Unterwegs informieren Tafeln über Geologie und Geschichte(n).

Informationen
www.geopark-ries.de

VON KRATER ZU KRATER

Der Asteroid des Nördlinger Rieses hatte einen Begleiter. Dieser bombte 40 Kilometer weiter südwestlich das 3,5 Kilometer durchmessende Steinheimer Becken in die Erdoberfläche. Die beiden Krater verbindet der mit kulturhistorischen und geologischen Highlights gespickte Geopark Ries Radweg „Von Krater zu Krater“ auf zwei Rundrouten, die sich in Nördlingen schneiden.

Die Westliche Route führt in einer anspruchsvolleren, landschaftlich sehr schönen Etappe über den westlichen Riesrand und am Ipf vorbei nach Steinheim im Steinheimer Becken. Zurück geht es nach Osten den Kraterrand hinauf, durch schattige Wälder zum Itzelberger See durch das schöne Egautal zum Härtsfeldsee

Erlebnisse rund um Geologie, Landschaft und Geschichte: Am Fuße des Ipf befindet sich eine rekonstruierte Keltensiedlung (rechts).

und hinter Neresheim nach erneutem Anstieg nach Härtsfeldhausen. Nach steiler Abfahrt in den Rieskessel erreicht man wieder Nördlingen.

Die Östliche Runde führt durch die weite flache Riesebene. Richtung Osten erreicht man Deiningen, nahe dem von Wissenschaftlern errechneten Einschlagszentrum des Ries-Asteroiden, und auf einem flachen Abschnitt bis zum östlichen Riesrand Wemding. Von dort geht es nach Norden an der Wallfahrtsbasilika Maria Brünnlein und weiten Wiesen vorbei nach Oettingen ins Nordries, durch fruchtbare Felder nach Maihingen und über Wallerstein zurück nach Nördlingen.

Länge: 190,5 km, Gesamtzeit 11,5 bis 17,5 Std.,
Westrunde (130 km, 6,5–11,5 Std.):
Nördlingen–Steinheim–Nördlingen
Ostrunde (60,5 km): Nördlingen–Wemding–Oettingen–Nördlingen

Eine **Streckenbeschreibung** erhält man in den Tourist-Informationen, zusammen mit einer GPX-Datei zum Downloaden unter www.geopark-ries.de/wege.

Hofmühl
Hofmühl
Hofmühl
Hofmühl
ofmühl

Mittleres Altmühltal

AUF SCHATZSUCHE

Zwischen Weißenburg und Beilngries ist die Altmühl das liebliche Revier der Kanufahrer. Und der Schatzsucher. Am Limes entdeckt man Wertvolles aus der Römerzeit, in Eichstätt Prachtvolles aus dem Barock, in Neuburg kostbare Kunst und in Solnhofen Unglaubliches aus der Urzeit. Und das Beste: In Steinbrüchen kann man selbst auf Dinosuche gehen.

Die Baumeister der Fürstbischöfe schufen mit dem Residenzplatz in Eichstätt einen der schönsten Barockplätze in Süddeutschland.

Rechts: Weißenburg war fünf Jahrhunderte lang eine stolze Freie Reichsstadt. Zu ihrer Blütezeit zählte die Stadtbefestigung 38 Türme. Nur das Ellinger Tor ist noch erhalten. Um 1200 erbaut, bis ins 17. Jh. ergänzt und heute Sitz der historischen Ratsbibliothek, dokumentiert es die Stadtgeschichte in markanter Weise. Mittig über dem Durchgang prangt der Reichsadler.

Unten: Tor zur Hohenzollernfestung Wülzburg am Ostrand von Weißenburg. Die mächtige Anlage besitzt fünf Bastionen und wurde 1588 bis 1610 erbaut.

Links: Entspannende Stunden auf der Altmühl, hier in der Gegend von Solnhofen

In Weißenburg zeigt sich die Stadtmauer besonders fotogen am Seeweiher.

Luitpoldbrunnen und Altes Rathaus: 1805 wollte man den türmchenbesetzten Bau abreißen, heute ist er ein Schmuckstück von Weißenburg.

DER EHEMALIGE LEGIONÄR MOGETISSA UND SEINE FRAU VERECUNDA SIND DIE ERSTEN NAMENTLICH BEKANNTEN WEISSENBURGER.

Auf ihrem Weg vom Fränkischen Seenland nach Treuchtlingen fließt die Altmühl nahe an Weißenburg vorbei, das an der Schwäbischen Rezat liegt. Hier treffen die Flusssysteme von Donau und Rhein fast aufeinander, und die wenigen Kilometer, die sie trennen, wollte Karl der Große mit einem Kanal überwinden. 793 begann man mit dem Bau des „Karlsgrabens“, Fossa Carolina, der jedoch nicht vollendet wurde. Zu sehen ist noch ein idyllischer Abschnitt bei Graben.

DER SCHATZ IM SPARGELBEET

Nach Weißenburg wurde gut tausend Jahre später schließlich eine Eisenbahnlinie gebaut und dabei 1867 ein kleiner Schatz gehoben: ein römisches Bronzetäfelchen. Es bekundet für den Soldaten Mogetissa am 30. Juni 107 n. Chr. die ehrenvolle Entlassung aus der Ala I Hispanorum Auriana (1. Hispanische Reitereinheit des Aurius), die damals im Kastell Biriciana am Limes stationiert war. Mit diesem Militärdiplom ausgestattet, erhielt der Kelte Mogetissa die römischen Bürgerrechte und durfte heiraten. Zusammen mit seiner Frau Verecunda siedelte er sich beim Kastell an, das auf einer Anhöhe oberhalb der Rezat stand. Damit sind die beiden die ersten namentlich bekannten Weißenburger, und man weiß sogar auch, wie ihre Tochter hieß: Matrulla.

Für Schatzsucher ist Weißenburg sehr ergiebig, grub man hier doch nicht nur das Kastell, sondern auch römische Thermen aus – und einen echten Schatz. Den fand 1979 ein Lehrer, als er in seinem Garten ein Spargelbeet anlegen wollte. Plötzlich stieß die Schaufel auf verrostete Eisenteile, doch der vermutete Abfall war eine Sensation: 114 kostbare Objekte waren hier im 3. Jahrhundert n. Chr. vor den plündernden Alemannen vergraben worden, darunter ein Klappstuhl aus Eisen und erlesene Götterfiguren aus Bronze. Seit 1983 sind sie im Römer-Museum zu bewundern.

AM LIMES

Weißenburg ist die „Römerstadt“ der Region, aber auch eine ehemalige Reichsstadt mit mittelalterlichen Fachwerkbauten und barocken Bürgerhäusern. An ihrer einstigen Grenze ließ der Markgraf von Brandenburg-Ansbach 1588 die Renaissancefestung Wülzburg in einem regelmäßigen Fünfeck anlegen. Die Aussicht vom Burgberg ist immer noch phänomenal. Auch im barocken Ellingen fanden Archäologen römische Hinterlassenschaften am ehemaligen römischen Kastell. 1945 dann hob die US-Armee in der Schlosskirche einen Schatz der be-

Zwischen Eichstätt und Solnhofen liegt das Städtchen Dollnstein. Sportliche können sich hier austoben, sei es auf der Altmühl (rechts), beim Klettern am Burgsteinfelsen (Mitte links) oder beim Radeln (Mitte rechts).

Wer findet die schönsten Fossilien? Ausdauer, ein geübter Blick und die gewisse Portion Glück sind im Hobbysteinbruch von Solnhofen gefragt.

„Zwölf Apostel“ werden diese berühmten Felsentürme an der Altmühl genannt. Sie stehen bei Solnhofen; der Altmühltalradweg und der Panorama-Wanderweg führen daran vorbei.

Paläontologie

Special

Fliegende Saurier

Wind und Regen wurden vor 150 Millionen Jahren einem Tier zum Verhängnis, das als Archaeopteryx Weltruhm erlangen sollte. Doch er ist nicht der einzige Urvogel.

Ein Sturm hatte das Tier auf das Meer hinausgetrieben, wo es mit durchnässtem Gefieder auf die Wasseroberfläche stürzte und ertrank. Auf dem Meeresboden wurde sein Körper luftdicht mit Schlamm bedeckt. Im Lauf der Zeit versteinerten Knochen und Federn und blieben in den zusammengepressten Kalkplatten erhalten. Als die Überreste 1861 auf der Langenaltheimer Haardt bei Solnhofen aus einem Steinbruch geklopft wurden, war die Sensation perfekt.

Kurz zuvor hatte Charles Darwin seine Evolutionstheorie veröffentlicht, und dieses merkwürdige Tier mit Federn, Flügeln, langem Schwanz, Reptilienkopf und -zähnen untermauerte seine Thesen: Es war das Bindeglied zwischen Sauriern und heutigen Vögeln. Bis heute wurde ein Dutzend Fossilien dieser „uralten Federn“ – so die Bedeutung der Bezeichnung „Archaeopteryx“ – in den Solnhofener Plattenkalken gefunden. 2017 fand man bei Mörnsheim das Fossil eines Flügels. Wie seit 2019 feststeht, handelt es sich um das Relikt eines größeren Cousins des Archaeopteryx, der zudem besser fliegen konnte: „Alcmonavis poeschli“ heißt der neue Star auf der Evolutionsbühne

Original-Archaeopteryx im Dinopark Denkendorf

sonderen Art: Nazi-Raubkunst, geplündert und gelagert in Kisten und meterhohen Bilderstapeln.

ICH KENN' DOCH MEINE PAPPENHEIMER

Südlich von Weißenburg und Treuchtlingen windet sich die Altmühl in die malerische Südliche Frankenalb hinein und erreicht Pappenheim, dessen Pappenheimer durch Schillers „Wallensteins Tod“ vermutlich jeder kennt – und bloß zur Klarstellung: Schillers Wallenstein brachte mit dem Ausspruch „daran erkenn ich meine Pappenheimer“ den örtlichen Kürassieren seine Anerkennung für ihre Treue aus. Heute wird das Zitat in einem eher abschätzigen Sinne verwendet. Der historische Graf Pappenheim war im Dreißigjährigen Krieg übrigens ein berüchtigter General, den man in Österreich den „leidigen Teufel“ nannte, weil er so gründlich und gnadenlos plündern, brandschatzen und morden ließ.

ERDGESCHICHTE MADE IN SOLNHOFEN

Wer der Erdgeschichte auf den Grund gehen möchte, ist in Solnhofen genau richtig. Vor rund 150 Millionen Jahren plätscherte hier eine Lagune, in der Wasser- und Landtiere nach ihrem Tod abgelagert wurden: Fische, Saurier, Schildkröten, Insekten und der berühmte

Eine Trachtengruppe bringt mit Blasmusik Leben auf den Residenzplatz in Eichstätt.

Archaeopteryx. Auf der Fränkischen Alb findet man die Fossilien von über 900 Tier- und Pflanzenarten, am besten im Solnhofer Plattenkalk. Eine Auswahl präsentiert das Museum Solnhofen. Im Dinosaurier Museum Denkendorf stehen gigantische Urtiere aus aller Welt in Lebensgröße im Wald. Wer selber auf Schatzsuche gehen möchte, kann sein Glück mit Hammer und Meißel im Solnhofener Hobbysteinbruch probieren. Am wahrscheinlichsten findet man versteinerte Ammoniten oder die ein oder andere Seelilie – unzählige Schätze sind noch nicht gehoben.

ALTES PFLASTER

In Solnhofen bewegt man sich auf uraltem Pflaster, wenngleich der Plattenkalk sich eigentlich nur für den Innenausbau eignet. Dafür ist er besonders fein, hart und dicht, was den Bühnenschriftsteller Alois Senefelder zu einer bahnbrechenden Erfindung inspirierte. 1798 entwickelte er die Lithografie, ein Steindruckverfahren und Vorläufer des heutigen Offsetdrucks. Wo heute die Sola-Basilika steht, campierten schon in der Steinzeit vor 10000 Jahren Jäger und Sammler, später verhütteten keltische Siedler Metalle. Wie im Steinbruch blättert sich Schicht um uralte Schicht Geschichte auf, denn auch die Sola-Basilika selbst

Special

Jurahäuser

Mit Stein gedeckt

Sie wirken in ihrer Schnörkellosigkeit fast schon modern. Dabei gab es die typischen Jurahäuser des Altmühltals schon im Mittelalter.

Ein Kubus aus Bruchsteinen, aus massiven Mauern oder Fachwerk, ohne Erker und Balkon, dafür mit vielen kleinen Fenstern, damit das Licht einfallen kann – das Jurahaus ist die traditionelle Hausform des Altmühltals. Die größte Besonderheit sind die Dächer: höchstens 30 Grad geneigt und mit schweren Jurakalkplatten gedeckt, die in fünf bis sieben Schichten übereinander liegen. Jurahäuser sind nur im Altmühltal und Umgebung zu finden: Die schweren Platten von den Steinbrüchen bei Solnhofen/Mörnsheim, Eichstätt, Kelheim und Eining wurden früher mit Ochsenkarren transportiert, länger als einen Tag durften Beladen und Fahrt nicht dauern, und so schaffte man in der Regel nur Strecken, die nicht länger als 25 Kilometer waren.

Eingang ins Eichstätter Jurahausmuseum

Ab den 1950er-Jahren kamen die Häuser „aus der Mode", weil die Kalkplatten für die Dächer teurer und die Bauvorschriften gelockert wurden und man ihre Schönheit nicht zu schätzen wusste. Heute setzt sich der Jurahausverein dafür ein, dass dieses Kulturerbe erhalten bleibt und eine Renaissance erlebt. In Eichstätt betreibt er ein Museum – in einem Jurahaus (www.jurahaus-verein.de).

Eichstätt: Blick ins Treppenhaus der Residenz (links) und auf den neugotischen Hochaltar im Dom (rechts)

An den Kreuzgang schließt sich das großartige, zweischiffige „Mortuarium" an, die um 1500 erbaute Grablege des adligen Domkapitels.

Dem gotischen Dom, Kathedralkirche des Bistums Eichstätt, ging eine Steinkirche voraus, die im 8. Jahrhundert vom heiligen Willibald errichtet worden sein soll.

Am Residenzplatz in Eichstätt. Dem Wiederaufbau nach der Zerstörung der Stadt im Dreißigjährigen Krieg ist die einheitliche barocke Bebauung zu geschuldet.

Oben: In der Schnaps- und Edelbranntweinbrennerei Herbert Mayer in Eichstätt
Mitte: Blick in den Hofgarten der Eichstätter Sommerresidenz

Brodhausgasse in Eichstätt: Der Abend hält Einzug in die Altstadt, die belebten Straßen leeren sich.

Die Fließgeschwindigkeit lässt auf dem Ludwig-Donau-Kanal zu wünschen übrig.
So wird das Treidelboot „Alma Viktoria" wie zu alten Zeiten noch mit Pferdekraft fortbewegt.

besteht aus den Grundmauern und den Resten von fünf Kirchenbauten aus dem 7. bis 9. Jahrhundert.

MISSIONARISCHER EIFER

Dicht an den Zwölf Aposteln geht es nun vorbei. Für Kletterer sorgt danach der Burgsteinfelsen für Spannung – oder der Dohlenfelsen im Wellheimer Trockental, wo auf den Magerrasen zwischen den Felsen mehr Schmetterlinge als fast an jedem anderen Ort in Deutschland flattern. Das breite Tal grub vor Jahrmillionen die Urdonau, die weiter durch das heutige Altmühltal floss. Dort lag an einer engen Schleife schon vor über 2500 Jahren die Keltensiedlung Eistedd, später kamen Römer und im 8. Jahrhundert die Geschwister Willibald, Wunibald und Walburga sowie als Einzelkämpfer Sola aus Südengland, um die Region zu missionieren. Sola ging nach Solnhofen, Wunibald und Walburga nach Heidenheim, und Willibald wurde der erste Bischof von Eichstätt. Seitdem hat die Kirche in der Stadt stets eine wichtige Rolle gespielt.

WALBURGA HAT GEHOLFEN …

So steht es auf den unzähligen Votivtafeln in der Gruftkapelle der Klosterkirche St. Walburg, in der Walburga bestattet wurde. Nach ihr ist auch das gut 1000 Jahre alte Benediktinerinnenkloster benannt, nach Willibald die Willibaldsburg, die bis 1725 als Residenz der Fürstbischöfe des Hochstifts Eichstätt diente. Dann zogen sie hinunter in die Stadt, gleich neben den Dom, bis das Hochstift Eichstätt, 1802 säkularisiert, sein Ende fand.

In der heutigen „Hauptstadt des Altmühltals" wird nicht mehr missioniert, dafür aber studiert, an der einzigen katholischen Hochschule im deutschsprachigen Raum. Aus Willibalds kleiner Kirche ist ein imposanter Dom geworden, und nach dem Dreißigjährigen Krieg wurde die Stadt im 17. und 18. Jahrhundert mit barockem Glanz überzogen, der am Residenzplatz am hellsten strahlt. Ein

Rechts: Die Pfalzgrafen sorgten in Neuburg an der Donau für Glanz. Der Südflügel ihres Schlosses wird heute gern für Konzerte genutzt.

Unten: In „Bärbels Garten“ in Thalmässing. 1985 erfüllte sich Barbara Krasemann ihren Traum von einem Garten und schuf ein kleines Paradies.

Links: Der 1458 erbaute Gasthof „Der Millipp“ gehört zu den schönsten Fachwerkhäusern von Beilngries.

Das Schloss der Pfalzgrafen in Neuburg an der Donau bietet einen exquisiten Rahmen für klassische Konzerte und andere Kulturveranstaltungen.

wenig barock ist das Lebensgefühl hier noch immer, zum Beispiel am Wochenmarkt in der Altstadt, wo sich Stand an Stand reiht und frisch aus dem Umland Obst, Gemüse, Fleisch, Fisch und mehr angeboten wird. Auch ein Augenschmaus.

OTTHEINRICH UND DIE RENAISSANCE

In Eichstätt an der Altmühl regierten die Fürstbischöfe, im genauso alten Neuburg an der Donau ab 1505 die Pfalzgrafen des Fürstentums Pfalz-Neuburg. Mit dem ersten Pfalzgrafen, dem kunstsinnigen und verschwenderischen Ottheinrich, der grandios schlecht mit Geld umgehen konnte, zog der Geist der Renaissance in die Stadt ein. Er baute die Burg zu einem Residenzschloss um, führte den Buchdruck ein und 1542 die Reformation. Die 1543 geweihte Schlosskapelle gilt als der älteste protestantische Kirchenbau der Welt. Ottheinrichs Nachfolger bauten Neuburg weiter zu einer wunderschönen Renaissancestadt aus. Die Kunst hält man hier noch immer hoch, mit flämischen Meistern in der Staatsgalerie und einem weithin bekannten Kulturprogramm.

Vom Donaukai sieht man hinauf zur Residenz und der Oberen Stadt, wo man in aller Ruhe spaziert und aus dem Schauen nicht mehr herauskommt. An jeder Ecke entdeckt man traumhafte Architektur und wunderbare Details. Quirliges Leben herrscht in den engen Straßen rund um den Schrannenplatz in der Unteren Stadt, auf dem Märkte stattfinden und Feste gefeiert werden.

SCHÖNHEIT AM ALTEN KANAL

Südlich von Neuburg liegen das landschaftlich reizvolle Donaumoos und Hügelland, nach Norden geht es von der Donau hoch zum Main-Donau-Kanal. Wo heute die große Wasserstraße fließt, ließ zuvor schon König Ludwig I. den Ludwig-Donau-Main-Kanal bauen. Ab den 1840er-Jahren konnte man darauf von Kelheim nach Bamberg schippern, Mitte des 20. Jahrhunderts wurde er aufgelassen. Bei Beilngries ist der „Alte Kanal“ in Schönheit trockengefallen und mit Röhricht bedeckt, bei Berching ist noch ein idyllischer Abschnitt erhalten. „Alt“ ist überhaupt das passende Adjektiv für die Region. Während man sich in Berchings historischem Kern innerhalb der Stadtmauer zumindest architektonisch ins Mittelalter zurückversetzt fühlt, findet man bei Thalmässing eine große Keltenschanze und Hügelgräber. Und in Gredings Archäologiemuseum ist man einem bajuwarischen Fünffach-Mord auf der Spur.

Berching hat aber noch einen ganz anderen Schatz zu bieten. „Wer einmal Glucks ‚Reigen seliger Geister‘ gehört hat, weiß wie Musik Gefühle transportieren kann“, fand der Kirchenmusiker und Gluck-Experte Hermann Wiesner (1934 bis 2019), der wie Christoph Willibald Gluck aus dem benachbarten Erasbach stammte. Das Berchinger Museum widmet sich dem großen Komponisten natürlich auch mit Hörproben seiner Werke. Einfach zum Genießen.

AN JEDER ECKE BIETET NEUBURG TRAUMHAFTE ARCHITEKTUR UND WUNDERBARE DETAILS.

Naturschutz

NUR OBERFLÄCHLICH SCHÖN?

Zwei Großprojekte haben das Gesicht des Altmühltals entscheidend verändert: der Main-Donau-Kanal und das Fränkische Seenland. Die Eingriffe in die Landschaft waren enorm, als ökologischer Ausgleich wurden neue Biotope und Naturschutzgebiete geschaffen – doch reicht das?

Disteln, wie sie etwa am Rothsee wachsen, sind wichtige Nahrungsquellen für Wildbienen.

Für die Naturschützer war der Widerstand gegen den Main-Donau-Kanal ein Kampf von David gegen Goliath, den allerdings Goliath in Form der Bayerischen Landesregierung und der Rhein-Main-Donau AG (RMD) gewann. Seit 1992 verbindet die 171 Kilometer lange Wasserstraße Main und Donau. Vom Main bei Bamberg führt sie zunächst nach Süden durch das Bett der Regnitz, macht bei Roth einen Bogen Richtung Südosten, folgt dann dem Flusslauf der Sulz durch Berching und trifft in Dietfurt auf die Altmühl, die auf ihren letzten Kilometern bis zur Donau bei Kelheim als Kanal ausgebaut ist.

WIDERSTAND IM ALTMÜHLTAL

Mit dem Bau des Kanals wurde schon 1959/60 begonnen; auf großen Widerstand stieß er jedoch erst ab den 1970er-Jahren, als Umweltschutz im allgemeinen Bewusstsein Gewicht gewann. Besonders umstritten war der Ausbau des 34 Kilometer langen Altmühlabschnitts, einer schönen, unberührten Flusslandschaft. Gegen den Kanal war auch der Bund der Steuerzahler, der ihn als gigantische Fehlinvestition ansah. Und für Volker Hauff (SPD), von 1980 bis 1982 Bundesverkehrsminister, war er gar „das dümmste Projekt seit dem Turmbau zu Babel“. Der Bund wäre aus dem Projekt gerne ausgestiegen, doch das Land Bayern bestand auf der vertraglich festgelegten Finanzierung für den Ausbau.

Die wirtschaftlichen Hoffnungen als Gütertransportweg konnte der Kanal nicht erfüllen. Die prognostizierten Frachtzahlen wurden nie erreicht, Tendenz sinkend. Lediglich die Sportboote sind immer mehr geworden und die Kreuzfahrten auf jährlich knapp 1300 gestiegen. Alles in allem ist der Kanal auch eine teure Freizeitwasserstraße geworden, von der der regionale Tourismus profitiert. Die jährlich rund 15 Millionen Euro Betriebskosten werden jedoch nur teilweise durch Gebühren gedeckt.

ÖKOLOGISCHES DESASTER

Etwa 2,3 Milliarden Euro verschlang der Ausbau des Main-Donau-Kanals, wovon knapp 20 Prozent in ökologi-

Den Vogelbeständen hat die Trennung von Freizeit- und Naturschutzraum geholfen. Hier der Altmühlsee.

Ein Teichhuhn hat ein ruhiges Plätzchen gefunden, unweit davon herrscht am See Trubel.

Fakten & Informationen

Main-Donau-Kanal:
Bauzeit: 1960–1995
Kosten: 2,3 Milliarden €
Länge: 171 Kilometer
überwundener Höhenunterschied: 243 Meter
Schleusen: 16
Vorgängerbauwerk: Ludwig-Donau-Main-Kanal (1836–1845)

Fränkisches Seenland:
siehe „Special", S. 46

Infozentrum Seenland
Mandlesmühle 1
91785 Pleinfeld
Anfang April–Anfang Okt. tgl. 10.00–16.00 Uhr

Informationszentrum Altmühltal
www.naturpark-altmuehltal.de

LBV-Umweltstation Altmühltal
Schloßstr. 2
91735 Muhr am See
Tel. 09831 48 20
www.altmuehlsee.lbv.de

sche Ausgleichsmaßnahmen investiert wurden. Zwischen Riedenburg und Kelheim scheint sich die Natur inzwischen erholt zu haben, doch das neue Grün ist laut Experten eher kosmetisch.

ZWISCHENSTAND NACH 25 JAHREN

Zum 25. Jubiläum 2017 stellte der Bund für Umwelt und Naturschutz Deutschland (BUND) dem Kanal ein verheerendes Zeugnis aus. Im Sulztal zwischen Berching und Beilngries, im Ottmaringer Tal und im Altmühltal sind etwa 600 Hektar Feuchtgebiete und weitere ökologisch wertvolle Flächen zerstört oder geschädigt und damit ein großer Artenschwund ausgelöst worden. Betroffen sind unter anderem Erdkröte und Wasserspitzmaus, Rohrammer, Sumpfrohrsänger, Zwergtaucher oder Braunkehlchen. Die Fischpopulation hat sich verändert, und da es keine Laichplätze mehr gibt, muss Fischlaich eingesetzt werden.

GETEILTE MEINUNGEN

Der Kanal dient auch dazu, Donauwasser über den Rothsee ins Rednitz-Main-System umzupumpen. Heute, so sind sich die Experten einig, würde man dafür nicht mehr fünf Seen aufstauen – und mit größter Wahrscheinlichkeit würde sich die Bevölkerung viel heftiger dagegen wehren, dass rund 30 Quadratkilometer Wald- und Ackerflächen überflutet werden.

Was als wasserwirtschaftliche Maßnahme begann, ist heute als touristisches Ziel ein erheblicher Wirtschaftsfaktor. Die Meinungen der Umweltschützer sind geteilt: Der BUND beklagt den Verlust der Flächen, zudem könnten durch die Überleitung nach Franken neue Tierarten einwandern – mit unabsehbaren Folgen für das dortige Ökosystem. Der Landesbund für Vogelschutz (LBV) jedoch, der in den 1970er-Jahren gegen den Bau des Seenlands kämpfte, sieht in der strengen Trennung in Freizeit- und Naturschutzraum einen Erfolg: Vor allem für Vögel sei wertvoller Lebensraum geschaffen worden.

Viel Aufwand, wenig Ertrag? Der Main-Donau-Kanal bleibt weit unter seinen Möglichkeiten, rund das Drei- bis Vierfache an Gütern ließe sich auf ihm transportieren.

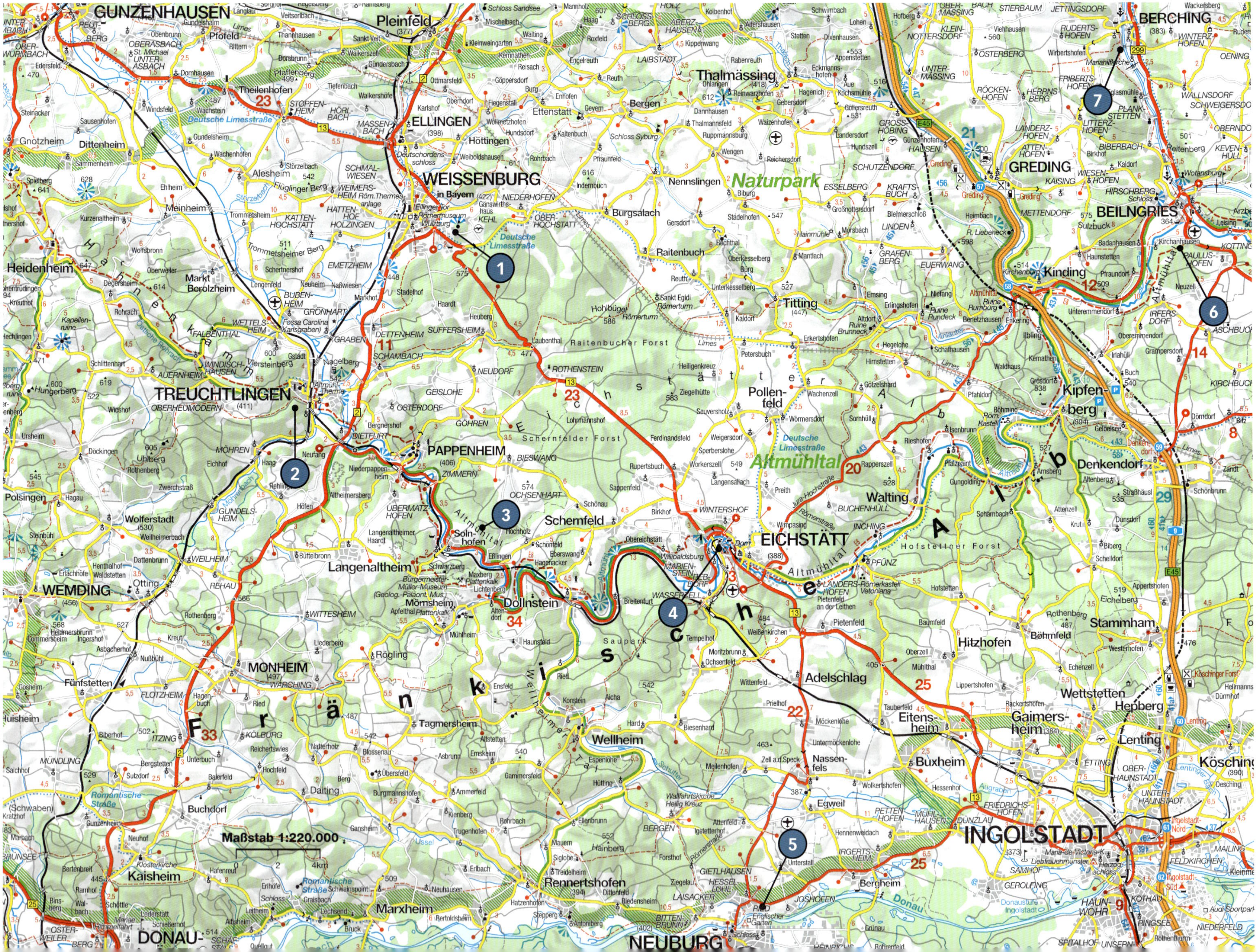

GUNZENHAUSEN
Pleinfeld
BERCHING
Thalmässing
ELLINGEN
WEISSENBURG in Bayern
GREDING
BEILNGRIES
Naturpark
Nennslingen
Burgsalach
Raitenbuch
Titting
Kinding
Heidenheim
Markt Berolzheim
TREUCHTLINGEN
PAPPENHEIM
Pollenfeld
Kipfenberg
Denkendorf
Altmühltal
Walting
EICHSTÄTT
Schernfeld
Solnhofen
Langenaltheim
Mörnsheim
Dollnstein
WEMDING
Wolferstadt
MONHEIM
Hitzhofen
Stammham
Adelschlag
Wellheim
Tagmersheim
Fünfstetten
Eitensheim
Gaimersheim
Wettstetten
Hepberg
Lenting
Kösching
Buxheim
Nassenfels
Egweil
INGOLSTADT
Bergheim
Rennertshofen
Marxheim
Kaisheim
Buchdorf
Daiting
NEUBURG
DONAU-
Fränkische Alb
Altmühl
Donau
Deutsche Limesstraße
Romantische Straße
Maßstab 1:220.000
1
2
3
4
5
6
7

DIE IDYLLISCHE MITTE

Auf ihrem gewundenen Weg durch die Fränkische Alb genießt man vom Wasser aus, auf Wander- und Radwegen eine malerische Landschaft. In Eichstätt und Neuburg verbinden sich Barock und Renaissance mit Kunstgenuss und modernem Lebensgefühl. Fossiliensammler können im Dunstkreis von Solnhofen ihr Glück versuchen.

1 Weißenburg

Auf dem Gebiet der Stadt (18 500 Einw.) stand im 1.–3. Jh. n. Chr. ein römisches Kastell, 1296 wurde sie Reichsstadt.

SEHENSWERT
Die **Altstadt** mit Stadtmauer, Fünfeckturm und Ellinger Tor ist denkmalgeschützt; herausragend sind das gotische **Reichsstädtische Alte Rathaus** (1476), das Kulturzentrum **Karmeliterkirche** (um 1350) und die 1327 geweihte **St.-Andreas-Kirche**.

MUSEEN
Das **RömerMuseum** **TOPZIEL** präsentiert den Römerschatz (Martin-Luther-Pl. 3–5, März bis 14. Nov. tgl. 10.00–17.00, 15. Nov.–30. Dez. 10.00–12.30, 14.00 –17.00 Uhr). Römische Geschichte zeigen die **Römischen Thermen** (Am Römerbad 17 a, 15. März–15. Nov. tgl. 10.00–17.00 Uhr) und das **Römerkastell Biriciana** mit rekonstruiertem Nordturm (Steinleinsfurt, frei zugänglich). Der Stadtgeschichte widmet sich das **ReichsstadtMuseum** (wie RömerMuseum), der Medizingeschichte das **Apothekenmuseum** (Rosenstr. 3, Führungen Mo.–Sa. 11.00, Mo., Di., Do., Fr. auch 14.30 Uhr). Außenrundgang und Innenhof der **Festung Wülzburg** sind frei zugänglich (stdl. Führungen Mai–Okt. Sa. 13.00 bis 16.00, So., Fei. 11.00–16.00, in Pfingst- und Sommerferien auch Mo.–Fr. 13.00–16.00 Uhr).

VERANSTALTUNGEN
Die **Kirchweih** ist die größte im südlichen Franken (Aug.). In ungeraden Jahren findet das **Römerfest** statt.

RESTAURANT
Der **€/€€ Burgwirt** auf der Wülzburg serviert in historischem Ambiente fränkische Küche (Tel. 09141 9 97 82 06, www.burgwirt-wuelzburg.de).

UMGEBUNG
Das **Deutschordensschloss Ellingen** (5 km nördl.) beeindruckt mit Barock, Klassizismus und Schlosspark (April–Sept. Di.–So. 9.00 bis 18.00, sonst 10.00–16.00 Uhr, Führungen stdl.).

INFORMATION
Tourist-Information, Martin-Luther-Pl. 3
91781 Weißenburg, Tel. 09141 90 71 24
www.weissenburg.de

Rekonstruiertes Römerkastell Biriciana bei Weißenburg (o.l.); Burg Pappenheim (o.r.); das Stadtschloss von Treuchtlingen (u.)

2 Treuchtlingen

Treuchtlingen (13 000 Einw.) bietet einen Kurpark und viele Freizeitmöglichkeiten. Hier ließ Karl der Große die Fossa Carolina graben.

SEHENSWERT
Von der Burgruine **Obere Veste** (12. Jh., frei zugänglich) hat man einen herrlichen Blick. Das **Stadtschloss** (1575) aus der Renaissance ist Sitz der Infozentren von Naturpark Altmühltal und Geopark Ries. Das **Posamenten-Museum** befindet sich im Stadtschloss (April bis Sept. Mo.–Fr. 9.00–18.00, Sa. 10.00–16.00, Okt.–März Mo.–Fr. 9.00–12.00, 13.00–17.00 Uhr). Am Nagelberg liegt der **Jüdische Friedhof** mit einem Mahnmal beim Schlossberg (Uhlbergstr.) Eine Modelleisenbahn fährt im **Miniaturland Treuchtlingen** (Elkan-Naumburg-Str. 35, Di.–So. 13.00–18.00 Uhr, www.miniaturland-treuchtlingen.de).
Das **Volkskundemuseum** zählt zu den größten in Bayern (Heinrich-Aurnhammer-Str. 10, Juni–Okt. Di.–So. 13.00–17.00 Uhr). An der **Fossa Carolina** ist die Karlsgrabenausstellung zu sehen (Ortsteil Graben, Karlsgraben 7, Mai bis Okt., Mi.–So. 14.00–17.00 Uhr).

ERLEBEN
Altmühltherme siehe S. 22. Der **Radrundweg** „Die Steinreichen" (46 km) führt durch die Natur- und Kulturlandschaft.

UMGEBUNG
7 km südöstl. zeigt die **Burg Pappenheim** Wehranlagen, Folterkammer, Natur- und Jagdmuseum (März–3. Nov. Di.–So. 10.00–17.00 Uhr, www.grafschaft-pappenheim.de).

ÜBERNACHTEN
Der **€ Schnecken-Hof** ist ein renoviertes Jurahaus mit zwei Ferienwohnungen direkt am Altmühltal-Panoramaweg und dem Altmühltal-Radweg im Ortsteil Dietfurt (Sommerhausstr. 1, Tel. 09142 20 03 34, www.schnecken-hof.de).

INFORMATION
Kur- und Touristinformation
Heinrich-Aurnhammer-Str. 3
91757 Treuchtlingen
Tel. 09142 96 00 60
www.treuchtlingen.de

3 Solnhofen

Der 1800-Einwohner-Ort an einem der schönsten Altmühlabschnitte ist durch seine Fossilienfunde und Kalkplatten weltbekannt.

SEHENSWERT
Die **Sola-Basilika** ist frei zugänglich (Senefelderstr., neben ev. Kirche). Im **Museum Solnhofen** präsentiert der Paläozoo Fossilien und Informatives zur Lithografie (April–9. Nov. tgl. 9.00–17.00, 10. Nov.–März So. 13.00–16.00 Uhr).

ERLEBEN
Im **Hobbysteinbruch** TOPZIEL kann man auf Fossiliensuche gehen (Frauenberger Weg, www.solnhofen.de, April–9. Nov. tgl. 10.00–17.00 Uhr). Eine Wanderung führt vom Bahnhof über den Altmühltal-Panoramaweg zu den **Zwölf Aposteln** (siehe „Unsere Favoriten“, S. 70). Das **Klettergebiet** Dohlenfelsen liegt bei Konstein (14 km südöstl., siehe „Unsere Favoriten“,S. 71).

INFORMATION
Touristikinformation
Bahnhofstr. 8, 91807 Solnhofen
Tel. 09145 83 20 20, www.solnhofen.de

4 Eichstätt

Die lebhafte barocke Universitätsstadt (13 500 Einw.) ist die „Hauptstadt“ des Naturparks Altmühltal. Historische Gebäude, Kirchen, Klöster und Domherrenhöfe prägen das Stadtbild.

SEHENSWERT
Am barocken **Residenzplatz** steht die Fürstbischöfliche **Residenz** TOPZIEL mit Spiegelsaal und Prunktreppe (Mo.–Fr. 7.30–12.00, Mo. bis Mi. 14.00–16.00, Do. 14.00–17.30 Uhr). Der 1718 barockisierte, gotische **Dom** (13.–15. Jh.) zählt zu den bedeutendsten mittelalterlichen Baudenkmälern Bayerns. Zur Renaissance-Schlossfestung **Willibaldsburg** (1355) gehört der Lehrgarten Hortus Eystettensis.

Tipp

Im Abenteuerland

Wer ohne Vorkenntnisse klettern und den ein oder anderen Adrenalinkick erleben möchte, kann sich im Altmühltaler Abenteuerpark austoben. Auf unterschiedlich schwierigen Parcours aus Seilen und Stahlkabeln bewegt man sich hier in luftiger Höhe von Baum zu Baum. Kinder können schon ab 6 Jahre mitmachen.

Altmühltaler Abenteuerpark
März–Okt., Bräuhausstr. 36, Beilngries
www.altmuehltaler-abenteuerpark.de

Die **Klosterkirche St. Walburg** (1629–1631) mit der Gruftkapelle der hl. Walburga auf dem Walburgiberg (um 1450/60) ist eine berühmte Wallfahrtsstätte. Die **Schutzengelkirche** (erb. 1617–1620, Leonrodplatz) zieren Hunderte Engelsdarstellungen.

MUSEEN
In der **Willibaldsburg** zeigt das Jura-Museum u.a. ein Archaeopteryx-Original, das **Museum für Ur- und Frühgeschichte** ein Mammutskelett (beide Museen: Burgstr. 19, April–Sept. Di.–So., Fei. 9.00–18.00, Okt.–März 10.00–16.00 Uhr). Das **Domschatz- und Diözesanmuseum** widmet sich der Geschichte des Bistums (Residenzplatz 7, Mi.–Fr. 10.30 bis 17.00, Sa., So., Fei. 10.00–17.00 Uhr, www.dioezesanmuseum-eichstaett.de), das **Informationszentrum Naturpark Altmühltal** den Attraktionen der Region (Notre Dame 1, www.naturpark-altmuehltal.de).

EINKAUFEN
Schnäpse und Liköre aus Zutaten der Region brennt die **Brennerei Gustav Mayer** (Weißenburger Str. 5, www.schnaps-mayer.de).

INFORMATION
Tourist-Information
Domplatz 8, 85072 Eichstätt
Tel. 08421 6 00 14 00, www.eichstaett.de

5 Neuburg a.d. Donau

Die Große Kreisstadt (29 800 Einw.) war 1505 bis 1808 Residenzstadt des Fürstentums Pfalz-Neuburg.

SEHENSWERT
In der Oberen Stadt mit **Renaissance- und Barockbauten** TOPZIEL hoch über der Donau steht das **Residenzschloss** (1530–1545), eine bedeutende Renaissanceanlage. Die Schlosskapelle zieren Fresken von 1543, den Schlosshof eine Sgraffitifassade (16. Jh.), der Ostflügel

Gruftkapelle der Hl. Walburga in Eichstätt (links); Dinopark in Denkendorf (oben)

besitzt eine barocke Grottenanlage (1665–68). Das **Rathaus** (1609) steht am Karlsplatz, einem Renaissance- und Barockensemble. **Schlossfest und Sommerakademie** (siehe „Unsere Favoriten“, S. 114).

MUSEEN
Im Residenzschloss zeigt die **Staatsgalerie Neuburg** (www.pinakothek.de) flämische Barockmeister, das **Archäologiemuseum** Regionalgeschichte (beide April–Sept. Di.–So. 9.00 bis 18.00, Okt.–März 10.00–16.00 Uhr). Das **Stadtmuseum** residiert im Adelspalais Wevelshaus (Amalienstr. A 19, www.stadtmuseum-neuburg.de, Mitte März–Dez. Di.–So. 10.00–18.00 Uhr).

INFORMATION
Tourist-Information, Ottheinrichplatz A 118
86633 Neuburg an der Donau
Tel. 08431 5 52 40, www.neuburg-donau.de

6 Beilngries

Das barocke Beilngries (9700 Einw.) liegt an Altmühl, Sulz und Main-Donau-Kanal. Die Stadt gehörte früher zum Fürstbistum Eichstätt und bietet eine gute touristische Infrastruktur.

SEHENSWERT
In der hübschen **Altstadt** bietet die Frauenkirche (1753/54) pures Rokoko. Barock und Neobarock zeigt die Stadtpfarrkirche **St. Walburga** (1693/94 und 1912/13). **Schloss Hirschberg** (urspr. 12. Jh., 18. Jh.) aus dem Rokoko ist bei Führungen zu besichtigen (www.schloss-hirschberg.de). Im ehem. Franziskanerkloster sitzt das **Spielzeug- und Figurenmuseum** (Hauptstr. 49, April–Okt., www.museen-anno-dazumal.de). Zum **Brauereimuseum** siehe „Zur Sache“, S. 54. Die **Erlebniswelt Wasserstraße** in der Gösselthalmühle (18. Jh.) informiert über den Main-Donau-Kanal und die Schifffahrt (Gösselthal 2, tgl. 8.00–18.00 Uhr).

HOTEL / RESTAURANT
Das €€ **Fuchsbräu Hotel** bietet im Zentrum 72 Z. sowie im historischen Haus Kaiserbeck aus dem 16. Jh. drei Suiten. Zum Haus gehört das €€/€€€ **Fuchsbräu Restaurant** mit gehobener Regionalküche und Biergarten (Hauptstr. 23, Tel. 08461 65 20, www.fuchsbraeu.de).

UMGEBUNG
Highlights im **Dinosaurier Museum Altmühltal** **TOPZIEL** in Denkendorf (10 km südl.) sind das weltweit einzige echte Skelett eines jugendlichen Tyrannosaurus rex und der größte je gefundene Flugsaurier in Lebensgröße; auch ein Erlebnispfad mit lebensgroßen Dinosaurierfiguren gehört dazu (Dinopark 1, www.dinopark-bayern.de). Bei Gungolding führt eine Etappe auf dem Altmühltal-Panoramaweg (Walting – Kipfenberg) durch die ca. 70 ha große **Gungoldinger Wacholderheide** **TOPZIEL** (18 km südwestl.). Dort wachsen Wacholder, wilde Rosen, Schlehen und Weißdorn, dazwischen Felsennelken, Enziane, Heideröschen. Damit die einmalige Landschaft nicht verbuscht, werden dorthin Schafe zum Grasen „abkommandiert".
In **Kipfenberg** (16 km südwestl.) residiert das Römer und Bajuwaren Museum (www.bajuwaren-kipfenberg.de, Juni–Aug. tgl. 10.00 bis 18.00 Uhr, sonst kürzer).

INFORMATION
Tourist-Information
Hauptstr. 14, 92339 Beilngries
Tel. 08461 84 35, www.beilngries.de

7 Berching

Die über 1100 Jahre alte Gluck- und Cittàslow-Stadt Berching (8600 Einw.) hat ein in Bayern einzigartiges geschlossenes mittelalterliches Stadtbild.

SEHENSWERT
Eine Stadtmauer (15. Jh.) umgibt die **Altstadt**. In der Vorstadt hütet die St.-Lorenz-Kirche (11. Jh.) wertvolle Tafelbilder. Das **Museum Berching** widmet sich dem Komponisten Christoph Willibald Gluck (An der Johannesbrücke, Mai–Sept. Di.–So. 13.30–16.30, Sa., So. 10.00 bis 12.00, Okt. tgl. 13.30–16.00 Uhr).

ERLEBEN
Am Alten Kanal kann man an **Treidelfahrten** teilnehmen (Hauptstr. 2B, 92334 Pollanten, Tel. 08462 5 81, www.kutscher-alm.de).

UMGEBUNG
Im barocken **Greding** (12 km südwestl.) präsentiert das Archäologiemuseum die Regionalgeschichte (Marktpl. 8, Sa., So., Fei. 13.00 bis 18.00, Mo., Di. 9.00–12.00, 14.00–16.00, Mi., Do. bis 18.00, Fr. 9.00–12.00 Uhr.) Zum Fundreich **Thalmässing** (15 km westl.) gehören eine Keltenschanze, Bajuwaren- und Keltenhäuser in Landersdorf und das Archäologische Museum (Marktplatz, April–Okt. Di.–So. 10.00–12.00, 13.00–16.00, Nov.–März Fr.–So. 10.00–12.00, 13.00–16.00 Uhr). Im Ortsteil **Dixenhausen** entführt Bärbels Garten in ein Gartenparadies (www.baerbels-garten.de).

INFORMATION
Tourismusbüro Berching
Pettenkoferpl. 12, 92334 Berching
Tel. 08462 2 05 13, www.berching.de

PADDELN AUF DER ALTMÜHL

Die Altmühl ist von Gunzenhausen bis Kelheim auf einer Länge von 154 Kilometern mit dem Boot befahrbar. Der schönste Abschnitt führt zwischen Treuchtlingen und Beilngries an historischen Städten und landschaftlichen Höhepunkten vorbei. Der langsame Fluss ist auch für Anfänger geeignet.

Ab dem Wehr in Treuchtlingen paddelt man auf der gemächlichen Altmühl direkt in die südliche Frankenalb hinein. Wer allein unterwegs ist, hört nur die Vögel zwitschern, das plätschernde Wasser und sonntags das Läuten der Kirchenglocken. Vorbei an Pappenheims Schloss und an Solnhofen erreicht man die Felsformation Zwölf Apostel, sportlich spannend wird es an den Bootsrutschen der Wehre Hammermühle und Hagenacker. Bei Dollnsteins Trockenhängen sieht man vom Boot aus den Kletterern am Burgsteinfelsen zu.

Das Kanu zu Wasser lassen ist immer der kniffligste Teil. Einmal sicher im Wasser, geht es auf der Altmühl wie hier bei Solnhofen dann sehr gemütlich voran.

In Eichstätt grüßen die Willibaldsburg und die moderne Universitätsbibliothek, bei Walting überspannt eine Steinbrücke aus dem 15. Jahrhundert den Fluss. Ein Übergang bestand hier schon in römischer Zeit. Nach der Wacholderweide bei Gungolding kreuzt die Altmühl den Limes, den Lärm der nahen A 9 muss man kurz ausblenden – doch bei Kinding herrscht wieder Ruhe auf der Strecke durch die weiten Wiesenlandschaften bis Beilngries.

Länge: 95 km, ca. fünf Etappen.
Zahlreiche Einstiegstellen ermöglichen auch Tagestouren. Eine sehr schöne Strecke verläuft von Solnhofen nach Eichstätt.

Streckenbeschreibung (inklusive GPX-Datei zum Download) mit einem Verzeichnis der Bootsverleiher, Bootsrast- und Campingplätze bei den örtlichen Tourist-Informationen und www.naturpark-altmuehltal.de.

Unteres Altmühltal

EIN GRANDIOSES FINALE

Zwischen Dietfurt und Kelheim fließt die Altmühl zwischen steilen Hängen, auf denen mittelalterliche Burgen wachen. Tief hinein in den Untergrund geht es in Karsthöhlen und in Riedenburg zum größten Kristall der Welt. In Kelheim erreicht der Fluss die Donau, die an der Weltenburger Enge einen eindrucksvollen Auftritt hat.

Blick von der Burgruine Randeck bei Essing auf das Altmühltal. Dort überspannt die Holzbrücke „Tatzelwurm" den Fluss.

Rechts: Morgendunst über dem Altmühltal beim Blick hinab von Schloss Eggersberg

Unten: Das Wagnerei-Museum Zacherl in Dietfurt widmet sich dem alten Handwerk des Wagners, der für Räder zuständig war, nebenher aber auch Schubkarren, Schlitten und Stiele anfertigte.

Links: Dietfurts Stadtbach, die Weiße Laaber, besitzt familientaugliche Qualitäten.

In Dietfurt mag man es an Fasching chinesisch, im Erlebnisdorf Alcmona keltisch. Noch viel früheren Zeiten widmet man sich im …

… Museum im Follerhaus. Es zeigt neben der Siedlungs- und Landschaftsgeschichte der Region auch eine Fossiliensammlung.

DIETFURT IST AUCH ALS »CHINESENSTADT« BEKANNT.

„Nasi nasi wu, ka ka du, ka ka da", sang die geniale Liesl Karlstadt in den 1920er-Jahren „chinesisch", in Dietfurt heißt es seit Jahrzehnten jedes Jahr am Unsinnigen Donnerstag ähnlich sinnentleert „Kille Wau!" und „Tschei Mitschi Tscheng". Im Fasching verwandelt sich das beschauliche Städtchen so schräg in „Bayerisch China", dass sogar das chinesische Staatsfernsehen darüber berichtet, das sich für das Altmühltal ansonsten so lebhaft interessiert wie die Altmühltaler für den berühmten Sack Reis, der in Peking umfällt. Mittlerweile kommen sogar chinesische Touristen, um sich das Treiben samt Umzug durch die Straßen anzusehen und über die ausgedachten Schriftzeichen zu amüsieren.

ASIATISCH-ALTMÜHLTALER FREUNDSCHAFT

Die Tradition beruft sich auf eine Aussage des Kämmerers des Eichstätter Fürstbischofs. Wenn es um Steuereintreibungen gehe, so klagte er angeblich, würden sich die Dietfurter „wie die Chinesen hinter ihrer Mauer" verstecken. Den heutigen Dietfurtern hat es Asien auf jeden Fall angetan: Die chinesische Millionenmetropole Nanjing ist Partnerstadt, ein reger Kulturaustausch wird gepflegt, am Qi-Gong-Weg kann man nach Art der Traditionellen Chinesischen Medizin die Selbstheilungskräfte stimulieren, und zum Franziskanerkloster von 1660 gehört ein Zen-Meditationszentrum.

Dazu passt auch der malerische Beiname Dietfurts, das sich „Sieben-Täler-Stadt" nennt, weil im Umkreis sieben Flusstäler liegen, an denen früher zahlreiche Mühlräder klapperten. In Dietfurt kann man die letzte noch laufende Mühle im Altmühltal besichtigen, die nun schon 540 Jahre auf dem Buckel hat.

PERLE UND KRISTALL

Auf Dietfurter Gebiet trifft die Altmühl mit dem Main-Donau-Kanal zusammen, nun hat sie ihren letzten, rund 35 Kilometer langen Abschnitt bis Kelheim erreicht. Der Kanal ist bis heute umstritten (siehe „Zur Sache", S. 88), doch den Städtchen entlang der Strecke – einem „Radler-Highway" – hat er hochwillkommenen touristischen Aufschwung gebracht. Ausflugsschiffe mit gut gelaunten Passagieren schippern von Kelheim nach Riedenburg, das früher sehr verschlafen war und heute mit seinen renovierten historischen Fassaden als „Perle des Altmühltals" glänzt. Im Museum glitzert hier der größte Bergkristall der Welt, und das Kanalufer verschönern moderne Skulpturen.

Altstadt von Kelheim: In der netten Kleinstadt mündet die Altmühl in die Donau. Im Hintergrund das Altmühltor (13. Jh.), eines der drei noch erhaltenen Stadttore.

Oben: Das kitzelt und piekt! Barfußpfad von Dietfurt, das in der Oberpfalz liegt, während Kelheim (Mitte) schon zu Niederbayern gehört.

Was wird von unserer Kultur einmal bleiben? Von den Kelten viel Keramik, die das Archäologische Museum in Kelheim ausstellt.

Blick über Abensberg: Den Entwurf für den „Hundertwasserturm" der Weißbierbrauerei Kuchlbauer hat der berühmte Friedensreich Hundertwasser angefertigt; realisiert wurde der 2010 eröffnete Turm, leicht verändert, von Peter Pelikan.

Riedenburgs Wahrzeichen ist die Rosenburg aus dem 12. Jahrhundert, auf der hoch über der Stadt die Adler, Geier und Falken des Falkenhofs ihre Flugkünste zeigen. Ein Rundwanderweg führt weiter zu den Burgruinen Trachenstein und Rabenstein oberhalb der Schambach, die ein landschaftlich reizvolles Tal geschürft hat, selbstverständlich mit einer Burg, in Altmannstein.

MINNESANG UND STEINZEITKUNST

„Hier lebten schon vor Jahrzehntausenden Menschen", erläutert die Archäologin Eva Wolf, „weil sie hier gute Bedingungen vorfanden: fischreiches Wasser, Wild, Höhlen, in denen sie Schutz fanden." Und vielleicht fanden sie es auch so schön wie man selbst, möchte man hinzufügen beim weiten Blick von Burg Prunn über das Tal.

Die Burgen auf den steilen Jurafelsen der Altmühl waren Machtzentren, in denen auch die Kunst gepflegt wurde. „Ich verbrachte den Winter allein, wohl hätte mich eine Frau trösten können / Das Heil hätte sie mir mit Freuden künden können, die Blumen und die Sommerzeit", heißt es in einer Riedenburger Dichtung aus dem 12. Jahrhundert. Damals wirkte Graf Heinrich III. von der Rosenburg als einer der ersten namentlich bekannten Minnesänger Bayerns, und auch sein Sohn trat in seine Fußstapfen. Auf Burg Prunn, die direkt einem Ritterroman entsprungen zu sein scheint, wurde der „Prunner Codex" erstellt, die viertälteste vollständige Handschrift des Nibelungenlieds. Kunst und Ästhetik spielte aber auch schon für die Menschen der Steinzeit eine Rolle, die vor 15 000 Jahren auf der anderen Seite des Flusses in den Klausen- und Kastlhänghöhlen lebten. Sie hinterließen verzierte Werkzeuge und die feine Ritzzeichnung eines Wildpferds.

IN DIE UNTERWELT

Höhlen findet man überhaupt viele in diesem karstigen Teil der Frankenalb, in dem das Wasser der Niederschläge

Kelheim: Die Befreiungshalle hatte König Ludwig I. zur Erinnerung an den Sieg über Napoleon in Auftrag gegeben. Innen bilden 34 Siegesgöttinnen aus weißem Marmor einen Kreis. Licht fällt durch die 45 Meter hohe Kuppel ein.

Die Klausenhöhle bei Essing ist eine der vielen fürs Altmühltal typischen Karsthöhlen.

1863 wurde die Befreiungshalle in Kelheim eröffnet. Auf den Strebepfeilern der Fassade stehen 18 Kolossalstatuen, die die deutschen Volksstämme symbolisieren sollen.

Archäologisches Museum in Kelheim: Das Keltenfest bietet zahlreiche Möglichkeiten, sich mit dem Leben der Altvorderen vertraut zu machen.

So werden Handwerkskünste der Kelten demonstriert und allerlei (nicht nur keltische) Speisen und Getränke angeboten.

Special

Archäologie

Das erste „Industriegebiet“

Bei Kelheim findet man auf kleinstem Raum menschliche Relikte, Artefakte und Siedlungsspuren aus 80 000 Jahren.
Den Auftakt machten die Neandertaler, gefolgt von weiteren Kulturen bis zu den ersten Ackerbauern. Die Eisenzeit fand ihren Höhepunkt auf dem Michelsberg, wo im 3. bis 1. Jahrhundert v. Chr. die Keltenstadt Alkimoennis lag, mit rund 650 Hektar eine der größten Oppidae in ganz Europa. Die Schutzmauern und mächtigen Wälle der Siedlung verliefen kilometerlang quer über den Michelsberg, wo Eisenerz im Tagebau geschürft und verhüttet wurde. Noch heute findet man meterdicke Kohle-Schlacken-Schichten im Boden dieses keltischen „Industriereviers“, das von der Lage an zwei Flüssen und Handelswegen profitierte.

Als die Römer im 1./2. Jahrhundert n. Chr. den Limes an der Donau errichteten, war die große Keltenstadt schon verlassen. Ende des 3. Jahrhundert fiel die Grenze unter den Alamanneneinfällen, und das römische Herrschaftsgebiet zog sich zur Donau zurück. Nach und nach ließen sich im 4. und 5. Jahrhundert Germanen aus Böhmen und anderen Regionen nieder und verbanden sich mit der ansässigen Bevölkerung: Aus dieser ethnisch bunten Mischung entstanden die Bajuwaren. Im 6. Jahrhundert siedelten sie auch im heutigen Kelheim, das von nun an „bayerisch“ war.

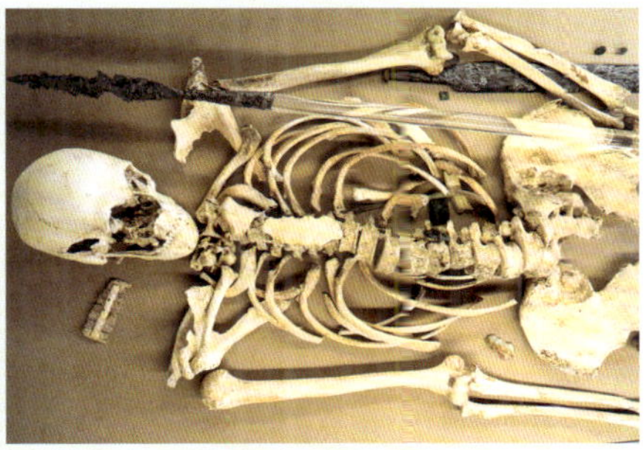

Einer der Urahnen im Museum Kelheim

schnell versickert und im Kalkstein unterirdische Bäche und Seen bildet. Oberirdisch zeigt sich das permanente Nagen des Wassers in Höhlen, Dolinen und in Mühlbach bei Dietfurt, wo an einer großen Karstquelle jede Sekunde etwa 300 Liter Wasser schier unglaublich blau aus dem Juragebirge an die Oberfläche treten und in die nahe Altmühl fließen. Erst 2001 entdeckten Forscher hier im Untergrund einen unterirdischen Bachlauf, Tropfsteine, einen See und einen Wasserfall. Für Laien ist der Weg in die Tiefe hier zu gefährlich, aber man kann an der Oberfläche einem höhlenkundlichen Pfad folgen, der genau erklärt, was entlang der Strecke gerade unter der Oberfläche passiert.

ÜBER DEN TATZELWURM

In Essing, über das früher Burg Randeck wachte, überspannt eine der längsten Holzbrücken Europas die Altmühl. Wegen ihrer geschwungenen Form wird sie „Tatzelwurm“ genannt, nach dem kleinen Verwandten des Lindwurms, der sich windet und schlängelt. Über die Brücke kommt man von der sonnseitigen nördlichen zur südlichen Altmühlleite, wo zwischen den Felsen schattige Buchenwälder und in den Schluchtwäldern Linden, Ahorne, Eschen, Eiben sowie viele seltene Farne wachsen. Die Uferhänge ge-

Blick von der Befreiungshalle auf dem Michelsberg: Das Donautal zwischen Kelheim und Neustadt gehört zu den ökologisch wertvollsten Fluss- und Auenlandschaften in Bayern.

Die jahrhundertealte „Bruck" führt schnurstracks zum „Bruckturm" von Essing. Nördlich davon spannt sich der „Tatzelwurm" über den Main-Donau-Kanal, eine 1986 ebenfalls aus Holz errichtete Brücke.

hören wie auch die Gungoldinger Wacholderheide und weitere Gebiete an der Altmühl zwischen Pappenheim und Kelheim zum Naturschutzgroßprojekt „Altmühlleiten". Fast 4000 Hektar ist dieses Mosaik aus Magerrasen, Felsen, Steinschutt und -brüchen, Hecken, Buchen- und Hutewäldern insgesamt groß, und seine Vielfalt enorm. Schon mehr als 360 Arten hat man hier entdeckt, die auf der Roten Liste stehen; zu den seltenen und bedrohten Bewohnern gehören Apollofalter, Ragwurz, Arnolds-Habichtskraut – und Lonely George: Die Große Hufeisennase hat 33 Jahre lang als einzige ihrer vom Aussterben bedrohten Fledermausart in der Tropfsteinhöhle Schulerloch überwintert, und zwar stets an der exakt gleichen Stelle. 2019 kam eine zweite Hufeisennase hinzu, jetzt ist die Hoffnung bei den Fledermausschützern natürlich groß ...

SPEKTAKULÄRE ENGSTELLE

Die Altmühl erreicht nun Kelheimer Gebiet, von Süden rauscht die Donau heran, die sich zuvor in der gut fünf Kilometer langen Weltenburger Enge zwischen die einstigen Klippen des urzeitlichen Meeres zwängt. Strenggenommen hat sich die Donau nicht selbst diesen malerischen Weg durch den harten Kalk des Jura gegraben, sondern ein Nebenfluss der Urdonau, dessen schmales Bett sie vor rund 150 000 Jahren okkupierte. Teils 80 Meter überragen die Wände das Wasser, der Anblick ist von unten sehr beeindruckend. Wer sich hier auskennt, weiß die markanten Felsen beim Namen zu nennen: den „Bienenkorb" mit den vielen verwitterten „Waben", den steilen „Kuchelfelsen", den „Unverschämten Mann", der der Donau die Rückseite zukehrt, oder „Napoleons Reisekoffer" (den er angeblich beim Rückzug vergaß). In der eigentlichen Schlucht bleiben für den Strom zwischen der „Stillen" und „Langen Wand" nur noch 110 Meter. An der „Langen Wand" sieht man noch die Eisenringe, an denen früher die Fischer ihre Zillen flussaufwärts zogen.

Berühmt für seine zauberhafte Lage: Oberhalb des Donaudurchbruchs erhebt sich die Benediktinerabtei Weltenburg.

TREFFPUNKT IN KELHEIM

An der Einfahrt der Enge liegt am Ufer Kloster Weltenburg mit Biergarten und Klosterladen. Gleich nach der Ausfahrt grüßt seit Mitte des 19. Jahrhunderts von oben Leo von Klenzes Befreiungshalle. König Ludwig I. ließ sie in Gedenken an die Befreiungskriege gegen Napoleon von 1813 bis 1815 nicht unpompös auf dem Michelsberg errichten. Innen stehen 34 weiße Siegesgöttinnen, außen 18 Kolossalstatuen, die die „deutschen Stämme“ symbolisieren sollen. Von dem hohen Sporn, der die letzten Meter von Altmühl und Donau trennt, schaut man weit über Kelheim, auf die Schiffsflotten, die auf der einen Seite nach Weltenburg und auf der anderen nach Riedenburg fahren, und zum modernen Hafen, wo die beiden Flüsse eins werden, nachdem sie sich auf ihrem Weg quer durch Bayern immer näher gekommen sind. Jetzt lockt ein Spaziergang durch die hübsche Altstadt, zum Alten Kanalhafen und vielleicht auch eine Brotzeit im Biergarten, und dazu ein spritziges Weizen, schließlich wird hier seit über 400 Jahren Weißbier gebraut.

Noch sehr viel länger zurück reicht die Brautradition in Weltenburg: Seit 1050 wird hier ohne Unterbrechung in der ältesten noch aktiven Klosterbrauerei der Welt Bier gebraut.

Kultur

Special

Abtei der Superlative

Die Abtei St. Georg an der Weltenburger Enge kann historisch und künstlerisch mit besonderen Rekorden aufwarten.

Der Überlieferung zufolge gründeten die kolumbanischen Mönche Eustasius und Agilus aus dem französischen Luxeuil bereits um 617 ein iroschottisches Kloster in Weltenburg, um von dort aus die Missionierung Bayerns in Gang zu bringen. Das erste Kloster stand anfänglich wohl auf dem Arzberg, dem markanten Bergsporn hinter der heutigen Anlage, in einem aufgelassenen römischen Kastell, das wiederum auf den Ruinen einer Keltenfestung errichtet worden war. An das Donauufer wurde es im 8. Jahrhundert verlegt, nun zogen Benediktinermönche in die neue Stätte ein.

Weltenburg: Barock in opulenter Perfektion

Ein künstlerischer Coup gelang schließlich Abt Maurus Bächl im 18. Jahrhundert, als er beim Umbau des Klosters auch die alte Kirche aus dem 8./9. Jahrhundert neu errichten ließ. Für die Bauplanung und Ausstattung engagierte er einen jungen Maler, der gerade sein Studium in Rom abgeschlossen hatte, Cosmas Damian, und dessen jüngeren Bruder Egid Quirin Asam. Die beiden schufen in ihrem ersten gemeinsamen Kirchenbau ein Gesamtkunstwerk aus Malerei, Plastik und Architektur, mit dem sie ihren Ruhm begründeten.

Links: Die Abtei Weltenburg ist auch kunstgeschichtlich wertvoll: Die Klosterkirche St. Georg (1716 bis 1739) ist das erste Bauwerk Altbayerns im römischen Barock und eines der bedeutendsten Beispiele des europäischen Barocks.
Unten: Falkner Martin Geißendörfer aus Aichkirchen arbeitet mit einem Steinadler.

Bis zu 80 Meter hoch türmen sich die Felswände an der Weltenburger Enge auf. Hier bahnt sich die Donau ihren Weg durch Kalkgestein, das für seinen Fossilienreichtum berühmt ist.

Schätze der Natur

TRADITIONALISTEN VOM FEINSTEN

Fische fangen, Schafe hüten, Bienen züchten, Kräuter und Beeren sammeln – laut Stellenbeschreibung bilden all diese Tätigkeiten die ältesten Berufe der Welt. Kulinarisch gehen Naturverbundenheit und überliefertes Wissen eine besonders fruchtbare Allianz ein.

Täglich kommt Lothar Ziegler um 5 Uhr morgens zum Donauufer bei Neustadt, um mit seiner Zille abzulegen. Es geht flott voran Richtung Weltenburger Enge, das Wasser plätschert, Vögel sind zu hören. Enten fliegen auf, und am Ufer widmet sich ein Biber seiner Morgentoilette. Kloster Weltenburg liegt noch still, auf einer Kiesbank schält sich gerade ein Pärchen, das die Nacht im Freien verbracht hat, aus den Schlafsäcken.

Auf dem Wasser ist es kühl und der Fahrtwind weht um die Nase. Die Netze hat der Fischer schon am Vorabend an steilen Felsen im Fluss gesetzt, jetzt wird der Fang gesichert: Brassen, Barben, Rotaugen, Welse – und einen kleinen Fisch mit flachem Bauch und merkwürdig nackter, schuppenloser Haut. „Ein Sterlet", freut sich Lothar Ziegler und wirft ihn wieder zurück ins Wasser. Die Störart ist vom Aussterben bedroht und streng geschützt. Seit über 500 Jahren hat seine Familie das Fischereirecht auf dem 50 Kilometer langen Donauabschnitt bei Neustadt, wobei die Fischerei für den Betriebswirt vor allem eine Passion ist. Die Fische verkauft er an Restaurants in der Region, besonders scharf auf seine Fischpflanzerln ist man jedoch in Regensburg.

SCHAFE ALS LANDSCHAFTSPFLEGER

Von der Donau geht es zur Altmühl, wo Maria und Alfred Eichhorn im beschaulichen Schernfeld ihre Schäferei mit rund 1000 Merinoschafen betreiben. Von April bis Dezember führt Alfred Eichhorn die Herde in Hütehaltung durch den Naturpark, wo Kräuter für das unverwechselbare Aroma der Altmühltal-Lämmer sorgen. Wo die Schafe grasen, können Wacholderheiden, Trocken- und Magerrasen nicht verbuschen, bleibt der Lebensraum für Silberdistel, Schwalbenschwanz und weitere seltene Tier- und Pflanzenarten erhalten. Diese Landschaftspflege betreiben auch die Schäfer im Nördlinger Ries, was wiederum Gin-Kenner freut: Die Familie Scheible aus Alerheim bei Oettingen zupft die Wacholderbeeren und brennt daraus den international preisgekrönten Gin „Krater Noster".

KRÄUTERBLÜTEN UND BIENEN

Beeren zupft auch Siglinde Beck. Der Kräuterpädagogin haben es die Wildpflanzen angetan, die man in der Küche und im Brauchtum verwendet. Für Interessierte bietet sie dazu Wanderungen an. Mit der Bestäubung hingegen hat Marion Dunkes zu tun. Sie widmet sich den Bienen. Schon ihr Vater hat geimkert, heute verkauft sie Honig in ihrer Heimatstadt Dietfurt. Die Imkerei bereitet ihr Freude und Entspannung – und sie findet sie wichtig: Regional produzieren und einkaufen bedeutet für sie, die Umwelt zu schützen und Qualität zu unterstützen.

Schafe pflegen Trockenwiesen an der Altmühl (oben). Der letzte Donaufischer: Lothar Ziegler (unten).

Imkerin Marion Dunkes aus Dietfurt zeigt, wie fleißig ihre Lieblinge sind (oben). Siglinde Beck sammelt und verarbeitet Kräuter auf dem Hollunderhof Lohe (links).

Informationen

Fischerei Ziegler
Am Donaufeld 8, 93333 Neustadt a.d. Donau
Tel. 09444 97 80 40

Schäferei Eichhorn
Obereichstätter Weg 1, 85132 Schernfeld
Tel. 08422 7 98, www.schaeferei-eichhorn.de

Holunderhof Lohe, Werner und Siglinde Beck
Lohe 2, 86732 Oettingen, Tel. 09082 47 17
www.holunderhof-lohe.de

Marion Dunkes
Maria-Stern-Ring 1, 92345 Dietfurt, Tel. 08464 60 23 00

Maßstab 1:200.000
0
4km
VELBURG
Deining
Sengenthal
Mühlhausen
Berching
Seubersdorf in der Oberpfalz
PARSBERG
Lupburg
Hohenfels
Beratzhausen
Breitenbrunn
DIETFURT an der Altmühl
BEILNGRIES
Kinding
HEMAU
Laaber
RIEDENBURG
Ihrlerstein
KELHEIM
Essing
Kipfenberg
Naturpark
Altmühltal
Denkendorf
Altmannstein
Deutsche Limesstraße
Straße der Kaiser und Könige
Stammham
Wettstetten
Gaimersheim
Hepberg
Lenting
Kösching
INGOLSTADT
Großmehring
VOHBURG an der Donau
Pförring
Mindelstetten
NEUSTADT an der Donau
Münchsmünster
Siegenburg
ABENSBERG
Bad Gögging
Weltenburg
Painten
Riedenburg
1
2
3
4
5

IM BURGENLAND

Auf der rund 35 Kilometer langen Schlussetappe hat die Altmühl noch einmal viel zu bieten: mächtige Ritterburgen, die malerischen Städtchen Dietfurt, Riedenburg und Essing, das idyllische Schambachtal, Höhlenwelten und Stadtluft in Kelheim. Bei Weltenburg liegen der eindrucksvolle Donaudurchbruch und das wohl älteste Kloster Bayerns.

1 Dietfurt

Die 900 Jahre alte „Sieben-Täler-Stadt" (6100 Einw.) ist als „Bayerisch China" mit ihrem „Chinesenfasching" selbst in China bekannt. Von der mittelalterlichen Befestigung sind im historischen Stadtkern noch sechs Türme erhalten.

SEHENSWERT

Am Marktplatz steht der **Chinesenbrunnen** vor dem Rathaus (1479). Im Rathaus ist eine Ausstellung zum Chinesenfasching (Mai–15. Okt. Mo.–Fr. 8.30–12.30, Mi. auch 15.00 bis 18.00 Uhr) zu sehen. Sehenswert sind die barocke Pfarrkirche **St. Ägidius** (15./18. Jh.) mit den Anbetungsengeln von Ignaz Günther und im Ortsteil Griesstetten die barocke **Wallfahrtskirche** Zu den Drei Elenden Heiligen (1740–1747).

MUSEEN

Im **Altmühltaler Mühlenmuseum** erlebt man den laufenden Mühlenbetrieb. Bis 1950 erzeugte die Regnatmühle (urspr. 15. Jh.) Strom für Dietfurt (Hauptstr. 51, tgl. 8.00–20.00 Uhr, www.altmuehltalermuehle.de). Das **Museum im Hollerhaus** zeigt in einem Jurahaus die Natur- und Besiedlungsgeschichte des Altmühltals (Pfarrgasse 6, Mai–15. Okt. Mi., Sa. 14.00 bis 18.00, So., Fei. 14.00–17.00 Uhr, April nur Sa., So., Fei.). Das **Wagnerei Museum** erzählt vom Handwerkeralltag vor rund 100 Jahren, die Maschinen werden noch benutzt (Goggerturm 24, Führungen Tel. 08464 60 21 23, www.wagnereimuseum-dietfurt.de). Im Ortsteil Mühlbach beschreibt die **Ausstellung Stein.Wasser.Höhle** die Geschichte der mittelalterlichen Obermühle und der Jurahäuser sowie die Forschungsergebnisse der Mühlbachquellhöhle (Obermühlenweg 3, tgl. 9.00–17.00 Uhr, www.obermuehle-muehlbach.de).

ERLEBEN

Das **Erlebnisdorf Alcmona** (keltischer Name für „Altmühl") bei der Schleuse am Main-Donau-Kanal zeigt mit einem nachgebauten Haus und vielen Veranstaltungen das Leben der Keltenzeit (Am Kanal, www.alcmona.de). Das Dorf ist die Endstation des Archäologieparks Altmühltal (siehe „Ja natürlich", S. 113). An der Stadtlaber liegt der **Barfußpark**. Start- und Zielpunkt des **Qi-Gong-Wegs** (3 km) ist das Franziskanerkloster. Im Ortsteil Ottmaring beginnen **Segway-Touren** am Campingplatz (7-Täler Segway-Tours, Tel. 08464 60 52 12, www.camping-ottmaring.de)

RESTAURANT

Das **€/€€ China-Restaurant 7 Täler** serviert passend zu „Bayerisch-China" traditionelle chinesisch-kantonesische Küche (Mallerstetter Str. 21, www.chinarestaurantsiebentaeler.de).

VERANSTALTUNGEN

Der **Dietfurter Chinesenfasching** tobt am Unsinnigen Donnerstag, in der Kirche des Franziskanerklosters finden zur Fastenzeit **Ölbergspiele** statt.

Tipp

Vogelwild

Schon im Mittelalter pflegte man die Kunst der Falknerei. Wer erfahren möchte, wie es sich anfühlt, einen Falken in die Lüfte zu entlassen und zusammen mit einem Bussard zu wandern, kann bei Falkner Martin Geißendörfer selbst den Falknerhandschuh überziehen und sogar den mächtigen Steinadler auf den Arm nehmen. So ganz aus der Nähe wirkt dessen Schnabel wirklich beeindruckend.

Informationen
Martin Geißendörfer, Aichkirchen
Tel. 09491 9 52 01 89
www.vogelwild.net

Eine echte Kuriosität: der Chinesenbrunnen auf dem Marktplatz in Dietfurt

INFORMATION

Tourist-Information im Rathaus
Hauptstr. 26, 92345 Dietfurt
Tel. 08464 64 00 19, www.dietfurt.de

2 Riedenburg

Die historischen Häuser des Luftkurorts (6000 Einw.) liegen zwischen Jurafelsen, Laubwäldern unterhalb der Rosenburg und den Burgruinen Rabenstein und Tachenstein. Am Kai legen die Ausflugsschiffe von Kelheim an.

SEHENSWERT

Die **Rosenburg** (urspr. 12. Jh.) war Stammsitz der Grafen von Riedenburg und wurde mehrmals erweitert und umgebaut. Der Rundweg Drei-Burgen-Steig (2 km) führt vom Marktplatz zur Rosenburg und zu den Burgruinen Rabenstein und Tachenstein. Am Stadtweiher stehen am Kanalskulpturenweg zeitgenössische **Skulpturen**. Im **Kristallmuseum** funkeln die größte Bergkristallgruppe der Welt (3 × 2 m, 7,8 t), Diamanten, Turmaline und weitere Edel- und Heilsteine (Bergkristallstr. 1, Di.–So. April bis Sept. 9.30–18.00, März, Okt. 9.30–17.00 Uhr, www.kristallmuseum-riedenburg.de). In der dazugehörigen Fasslwirtschaft sitzt man in Fässern (www.fasslwirtschaft.de). Das **Burgmuseum** auf Schloss Rosenburg erzählt die Geschichte der Falknerei, der Grafen von Riedenburg und der Rosenburg (Ende März bis Okt. Di.–So., Fei. 9.00–17.00 Uhr, www.falkenhof-rosenburg.de). Das **Hofmarkmuseum** auf Schloss Eggersberg präsentiert Exponate u. a. aus der Hallstattzeit und dem Mittelalter (April–Nov. tgl. 12.00–18.00 Uhr, www.schloss-eggersberg.de).

ERLEBEN
Auf der Rosenburg finden **Flugvorführungen** der Greifvögel statt (tgl. 11.00 und 15.00 Uhr). Zur 1 km langen **Sommerrodelbahn** Altmühlbob gehören auch Quadfahrten und Streichelzoo (April–Okt. tgl., März Sa., So. 10.00–17.30 Uhr, www.altmuehlbob.com). Nebenan bietet der **Freizeitsee** St. Agatha Badespaß.

HOTEL/RESTAURANT
In **€€/€€€ Schloss Eggersberg** schläft man in 17 Zimmern/Suiten im historischen Renaissance-Ambiente. Dazu gehören ein Café mit Terrasse sowie ein Restaurant in verschiedenen Räumlichkeiten mit regionaler und mediterraner Küche (Tel. 09442 9 18 70, www.schloss-eggersberg.de).

INFORMATION
Tourist-Information
Marktplatz 1, 93339 Riedenburg
Tel. 09442 90 50 00, www.riedenburg.de

3 Essing

Der mittelalterliche Markt (1100 Einw.) unterhalb Burg Randeck schmiegt sich zwischen Fluss und Felsen. Er gehört zu den malerischsten Anblicken an diesem Altmühlabschnitt und ist Station für die Ausflugsschiffe.

SEHENSWERT
Unweit der 190 m langen **Holzbrücke Tatzelwurm** führt eine **historische Holzbrücke** durch das gotische Brucktor in den Ort. Darüber bietet die Ruine der mächtigen **Burg Randeck** (11. Jh., April–Okt. tgl. 9.30–18.00 Uhr), eine der ältesten Burgen Bayerns, eine fantastische Aussicht über das Tal. An der Altmühl thematisiert der **Kunstweg** mit modernen Skulpturen Geschichte und Landschaft.

UMGEBUNG
Rund 3 km südöstl. liegt die Tropfsteinhöhle **Schulerloch** (siehe („Unsere Favoriten“, S. 70). Auf der anderen Flussseite führen Wanderungen zu den Klausenhöhlen und der Kastlhanghöhle, die in prähistorischen Zeiten bewohnt waren (Stationen im Archäologiepark, siehe „Ja natürlilch“, S. 113).
Die fantastisch erhaltene **Burg Prunn** TOPZIEL (4,5 km nordwestl.) wurde um 1200 erbaut und sieht auf ihrem steilen Jurafelsen wie das Idealbild einer Ritterburg aus. Themenführungen richten sich auch speziell an Kinder (Besichtigung nur mit Führung, April–Okt. tgl. 9.00 bis 18.00, Nov.–März Di.–So. 10.00–16.00 Uhr, www.burgprunn.de).

INFORMATION
Touristinfo Essing
Marktplatz 1, 93343 Essing
Tel. 09447 92 00 93,
www.marktessing.de

4 Altmannstein

Die Marktgemeinde (7100 Einw.) liegt am einstigen Limes im landschaftlich schönen Schambachtal. Altmannsteins berühmteste Söhne sind der Rokokobildhauer Ignaz Günther (1725–1775) und der Opernkomponist Simon Mayr (1763–1845) aus dem Ortsteil Mendorf.

SEHENSWERT
Unterhalb der **Burgruine Altmannstein** (urspr. 12. Jh.) stehen am **Kult-Ur-Hang** zwischen Bäumen und Sträuchern zeitgenössische Skulpturen sowie Ölmalereien. In der Ortsmitte bewahrt die **Heilig-Kreuz-Kirche** (1760–1764) ein Kruzifix von Ignaz Günther. Das **Ignaz-Günther-Museum** zeigt das künstlerische Schaffen des Bildhauers sowie seiner Familie (Ignaz-Günther-Gasse 1, Mai–Okt. So. 10.00–12.00 Uhr). Das **Marktmuseum** im Hoferhaus (17./18. Jh.), einem Jurahaus, beschäftigt sich mit Natur und (Kultur-)Geschichte der Region (z. B. Limes, Bajuwaren, Hopfenanbau) sowie dem Leben und Werk des Komponisten Simon Mayr (Mühlgasse 3, Mai–Okt. So. 10.30–12.00 Uhr). Beide Museen werden auch nach Vereinbarung geöffnet (Tel. 09446 9 02 10).

ERLEBEN
Im Ortsteil **Hexenagger** demonstriert unterhalb von Schloss Hexenagger die Waffen- und Hammerschmiede historische Schmiedetechniken. Der Hopfenerlebnishof (siehe „Zur Sache“, S. 54) liegt im Ortsteil **Tettwang**.
Von Hexenagger verläuft ein **Rundweg** im Wacholder- und Wolfstal (10 km, ca. 3 Std.), der idyllische **Schambachtalbahn-Radweg** (45 km) zwischen Ingolstadt und Riedenburg auf der ehem. Bahntrasse.

UMGEBUNG
In **Echendorf** (8 km nordöstl.) bietet der Erlebnisbauernhof mit Bauernhofmuseum Einblicke in die historische und moderne Landwirtschaft, dazu eine Stärkung im Brotzeitstüberl (April bis Sept. tgl. 8.00–18.00 Uhr, www.ferienhof.net).

INFORMATION
Fremdenverkehrsamt
Marktplatz 4, 93336 Altmannstein
Tel. 09446 9 02 10, www.altmannstein.de

Burg Prunn (oben); die geschwungene Holzbrücke Tatzelwurm in Essing (links)

5 Kelheim

Kelheim (16 700 Einw.) ist das touristische, kulturelle und wirtschaftliche Zentrum im Unteren Altmühltal. Die Kreisstadt unterhalb des einstigen keltischen Oppidums Alkimoennis war im 9. Jh. Sitz der Kelsgaugrafen und erhielt im 12. Jh. die Stadtrechte durch die Wittelsbacher Herzöge, die hier im 12./13. Jh. ihre Residenz besaßen.

SEHENSWERT
Die historische **Altstadt** besitzt noch drei Stadttore (13. u. 14. Jh.) und Bauten aus der Renaissance. Das **Wittelsbacher Schloss** (Schlossweg 3) steht nahe dem Kai an der Donau. Die romanische **Michealskirche** (12./14. Jh.) besitzt Wandmalereien aus dem 13./14. Jh. (Am Kirchensteig). Der hübsche Knotenpunkt der Altstadt ist der **Ludwigsplatz** mit dem Neuen Rathaus (16. Jh.), auf dem man mit Blick auf die **Befreiungshalle** (1842–1863) im Freien speisen kann – von oben ist der Blick noch besser. Vom Donaukai fährt die **Ludwigsbahn** (www.hierl-reisen.de) von April bis Oktober im Stundentakt durch die Altstadt hinauf (April–Okt. tgl. 9.00–18.00, Nov.–März tgl. 10.00–16.00 Uhr). Unterhalb des Michelsbergs liegen ein Abschnitt des Ludwig-Donau-Main- Kanals und der Alte Hafen, etwas außerhalb flussaufwärts am linken Donauufer das ehemalige **Franziskanerkloster Einsiedelei Klösterl** (1454) mit Felsenkapelle, Höhlen und Biergarten (Tel. 09441 1 74 51 51, www.kloesterl.info).

MUSEEN
Das **Archäologische Museum** präsentiert im gotischen Getreidekasten keltische Vergangenheit und Stadtgeschichte. Im frei zugänglichen Innenhof stehen Originalreste der Keltenmauer (Lederergasse 11, April bis Anfang Nov. Di–So., Fei. 10.00–17.00 Uhr, www.archaeologisches-museum-kelheim.de). Hier beginnt die Route durch den **Archäologiepark Altmühltal** (siehe „Ja natürlich" nebenstehend).
Das **Orgelmuseum** (Am Kirchensteig 4, April bis Okt. Di–So. 14.00–17.00 Uhr, www.orgelmuseum-kelheim.de, Orgelkonzerte Do. 20 Uhr) hat seinen Sitz in der Klosterkirche (15. Jh.) des ehemaligen Franziskanerklosters.

ERLEBEN
Schwimmen, rutschen, Wellness und Sauna bietet das **Erlebnisbad Keldorado** (Rennweg 60, tgl. geöffnet, www.keldorado-kelheim.de). Von den Kais an der Donau und dem Main-Donau-Kanal fahren **Ausflugsschiffe** nach Weltenburg bzw. Riedenburg (www.schifffahrt-kelheim.de). Zwischen Kelheim und dem Ortsteil Weltenburg liegt die **Weltenburger Enge** TOPZIEL. Durch das Naturschutzgebiet mit Wäldern, Felsen, Wasser und seltenen Tieren wie Wanderfalke und Uhu führen von Kelheim elf (Rund-)Wanderwege (Broschüre auch zum Downloaden bei der Tourist-Info). Am Eingang der Enge lädt **Kloster Weltenburg** in den Biergarten ein (www.klosterschenke-weltenburg.de). Zur Abtei (siehe „Special", S. 106) gehören Klosterladen, Brauerei (siehe „Zur Sache", S. 54), Gästehaus, Akademie sowie die Barockkirche St. Georg (www.kloster-weltenburg.de, Gottesdienste Mo.–Sa. 7.00, 11.45, 18.00, So. 7.30, 10.30, 12.00, 17.45 Uhr).

HOTEL
Im €€ **Turmhotel Erasmus** übernachtet man in mittelalterlichen Stadttürmen; mit Sauna, Dachterrasse und Garten (Matthias-Kraus-Gasse 35–37, Tel. 09441 70 12 34, www.turmhotel-erasmus.de).

VERANSTALTUNGEN
Lohnend sind das **Stadthafenfest** mit Fischerstechen in ungeraden Jahren und das Volksfest **Donau- Wies'n** im Aug.

UMGEBUNG
Bad Gögging (ca. 16 km südwestl.) bietet die Limes-Therme (siehe „Unsere Favoriten", S. 23) und das Römische Museum für Kur- und Badewesen (März–Okt. Di–Sa. 16.00–17.00, So., Fei. 10.30–11.30 Uhr). In der romanischen ehem. Kirche St. Andreas widmet es sich dem hier ausgegrabenen ältesten römischen Heilbad Bayerns. Im nahen **Eining** liegen die Reste eines Römerkastells (Abusinastr. 16, www.bad-goegging.de). Dort wird im Aug. mit dem Salve Abusina Bayerns größtes Römerfest gefeiert (www.abusina.com, siehe „Unsere Favoriten", S. 115).

INFORMATION
Tourist-Information
Ludwigsplatz 16, 93309 Kelheim
Tel. 09441 70 12 34, www.kelheim.de

NEANDERTALER UND KELTEN

Beim Bau des Main-Donau-Kanals wurden zahllose Relikte aus vergangenen Jahrtausenden gefunden. Im Archäologiepark Altmühltal kann man sie von Kelheim bis Dietfurt entdecken und auf unterhaltsame Weise in schöner Landschaft auf eine Zeitreise bis zurück in die Eiszeit gehen.

Entlang der 39 Kilometer langen, gut ausgeschilderten Route liegen 18 jederzeit kostenfrei zugängliche Stationen mit 15 Teilrekonstruktionen, die sich am schönsten mit dem Fahrrad erkunden lassen. An der Station Oberhofen wurden die Überreste eines rund 2500 Jahre alten Herrenhofs aus der Hallstattzeit gefunden und die Gebäude nach dem Vorbild der frühkeltischen Siedlung von Oberhofen rekonstruiert.

Unterwegs erfährt man, wie die Menschen im Altmühltal in der Eiszeit vor 50 000 Jahren Mammuts jagten und Siedlungen anlegten. An Hörpunkten lauscht man auf Knopfdruck den spannenden Geschichten über den Alltag unserer frühen Vorfahren,

Der Archäologiepark Altmühltal umfasst mehrere Orte. Bei Oberhofen (Station 13) veranschaulichen rekonstruierte Häuser, wie die Kelten lebten.

die der Autor Ernst Wilhelm Heine vorliest. Um das Ganze im wahrsten Sinne des Wortes begreifbarer zu machen, lassen abwechslungsreiche Veranstaltungen Archäologie erlebbar werden, sei es beim Bronzeschmieden, keltischen Weben oder als „Steinzeit-Picasso" im Malworkshop für Kinder.

Länge und Verlauf: 39 km; Station 1 liegt am Archäologischen Museum in Kelheim, Station 18 am Erlebnisdorf Alcmona. Die Strecke verläuft vor allem entlang des Altmühltalradwegs (siehe „Ja natürlich", S. 41), die Stationen sind per Rad, zu Fuß und meist auch per Auto erreichbar.

Flyer zu Stationen und Veranstaltungen: Tourist-Informationen und www.dietfurt.de/archaeologiepark-altmuehltal

Die stimmungsvollsten Feste

FEIERN MIT FLAIR

Theater, Musik, gutes Essen, süffiges Bier – Lebensqualität wird großgeschrieben im Altmühltal, deshalb ist der Festkalender während des ganzen Jahres gut gefüllt. Ob Römer, Ritter oder Rokoko, besonders beliebt sind die Feste, die Besucher stilvoll und beschwingt auf eine kleine Zeitreise entführen.

2

7

1 Mittelalterfest

Jedes Jahr im Mai heißt die Burg Hilpoltstein beim dreitägigen Mittelalterfest „Ritter, Barden, Beutelschneider" willkommen – stilecht mit Turnieren, Märchenerzählern, mittelalterlicher Musik, einem Markt und großem Lagerleben der Ritter und Landsknechte. Zu sehen sind neben Schwertkämpfern und Feuerschluckern auch viele alte Handwerkskünste vom Waffenschmieden über Ledermachen bis zum Weben.

Tourist-Information Hilpoltstein, siehe S. 59
www.hilpoltstein.de/mittelalterfest

2 Rokoko-Festspiele

Ein Spektakel sondergleichen: Alljährlich im Juni oder Juli erstrahlt Ansbach bei den Rokoko-Festspielen im höfischen Glanz des 18. Jahrhunderts, gepuderte Perücken, Reifröcke und barocke Tänze inklusive. Zum Maskenfest im Hofgarten gehört ein fulminantes Feuerwerk. Und in der Altstadt sind nicht nur Hofdamen und feine Herren, sondern auch die Gaukler unterwegs.

Amt für Kultur und Tourismus, Ansbach, siehe S. 112
Karten online:
www.reservix.de

3 Schlossfest

Im Juni und Juli 2023 ist es wieder so weit: Alle zwei Jahre begibt sich Neuburg an der Donau beim auf eine Zeitreise in die Renaissance Schlossfest. Vor der malerischen Kulisse der Altstadt findet ein Jahrmarkt samt Gauklern und Fahnenschwingern statt. Höhepunkte sind der Steckenreitertanz im Schlosshof, der Festumzug in historischen Kostümen, die Reiterspiele im Marstallhof und das Feuerwerk über der Donau.

Verkehrsverein Freunde der Stadt Neuburg e. V.
In der Münz A36
86633 Neuburg
Tel. 08431 4 70 16
www.verkehrsverein-neuburg.de
www.schlossfest.de

4 Jakobi-Kirchweih

Alljährlich im Juli feiern die Oettinger die Jakobi-Kirchweih mit Fahrgeschäften, Bierzelt und Unterhaltungsprogramm. Höhepunkte sind das Wasserfest mit Feuerwerk und Bootskorso auf der Wörnitz und das Fischerstechen, das keinesfalls bierernst genommen wird: Punkte kann hier auch ergattern, wer samt Dirndl besonders schräg ins Wasser springt. Humorvoll wird's zum Abschluss beim Kabarett im Zelt.

Tourist-Information Oettingen i. Bay.
siehe S. 74

5 Scharlachrennen

Die belegte Geschichte des Scharlachrennens reicht bis 1438 zurück: Damals wurde auf der heutigen Kaiserwiese in Nördlingen ein Pferderennen ausgetragen, dessen Sieger ein kostbares Scharlachtuch als Trophäe erhielt. Heute ist das Scharlachrennen eines der größten Reitsportturniere Süddeutschlands. Es findet jedes Jahr am letzten Juliwochenende statt.

Tourist-Information Nördlingen
siehe S. 74

6 Bachwoche

Eine Woche hat zehn Tage, zumindest gilt das für die Bachwoche in Ansbach. Das international renommierte Festival bringt die barocken Säle und großen Kirchen der Stadt in ungeraden Jahren im Juli/August mit Werken von Bach und anderen Komponisten zum Klingen. Unter dem Motto „Ansbach klingt" wird zudem in den Straßen der Altstadt nach dem Mittagsläuten musiziert.

Bachwoche Ansbach
Brauhausstr. 15
91522 Ansbach
Tel. 0981 1 50 37
www.bachwoche.de

7 Burgspiel und Burgfest

Dramen und Komödien: Jedes Jahr ab Mitte Juli führt das Hilpoltsteiner Burgspiel-Ensemble ein ausgewähltes Stück auf der Freiluftbühne vor der malerischen Kulisse der Burg auf. Gespielt wird traditionell bis zum ersten Augustwochenende, wenn ganz Hilpoltstein beim großen Burgfest mit historischen Umzügen, Festzelt und großem Unterhaltungsprogramm feiert.

Tourist-Information
Hilpoltstein
siehe S. 59
www.hilpoltstein.de/burgspiel

8 Salve Abusina

Im August erwacht das ehemalige römische Grenzkastell Abusina bei Bad Gögging zum Leben und verwandelt sich in ein Legionärslager. Bei Bayerns größtem Römerfest können Besucher hautnah römischen Alltag wie vor 2000 Jahren erleben, samt Küche, Musik, Mode und Götterwelt. Wer will, kann ein Gladiatorentraining absolvieren. Ein paar Germanen schauen auch immer vorbei.

Tourist Information
Heiligenstädter Str. 5
93333 Bad Gögging
Tel. 0800 46 34 44 64
www.bad-goegging.de/roemerfest-bayern

9 Gillamoos

Bis 1313 reicht die Geschichte des Gillamoos zurück, der jedes Jahr von Donnerstag bis Montag um den ersten Sonntag im September stattfindet. Er ist einer der größten und ältesten Jahrmärkte Bayerns, auf dem beim Vieh- und Warenmarkt heftig gefeilscht wird. Gefeiert wird in Festzelten mit Musik, niederbayerischen Schmankerln und hervorragendem Bier. Auf der Festwiese kann man sich von Fahrgeschäften durchrütteln lassen.

Touristinformation
Dollingerstr. 18
93326 Abensberg
Tel. 09443 91 03 59
www.abensberg.de/gillamoos

10 Weihnachtsmarkt

Glühweinduft, Lichterglanz, geschmückte Marktstände mit schönem Kunsthandwerk, eine lebende Krippe und ein Posaunenchor – in der Adventszeit zeigt sich das mittelalterliche Nördlingen auf dem Weihnachtsmarkt von seiner ganz besonders romantischen Seite. Zur fröhlich-festlichen Stimmung trägt das bunte Musikprogramm mit Adventskonzerten und Sternsingern bei.

Tourist-Information
Nördlingen
siehe S. 74

HILFREICH & NÜTZLICH

Auf den folgenden Seiten haben wir für Sie Wissenswertes und wichtige Informationen für ihren Urlaub im Altmühltal zusammengestellt.

Franken ist Bratwurstland. Die deftige Spezialität kommt gern mit Sauerkraut auf den Teller.

Anreise

Auto: Von Norden über die A 7 nach Rothenburg ob der Tauber über Ausfahrt Rothenburg, ins Obere Altmühltal über Ausfahrt Bad Windsheim. Das Mittlere Altmühltal und das Fränkische Seenland sind über die A 6 gut zu erreichen (Ausfahrten Aurach, Ansbach, Lichtenau). Auf der A 9 sind die Ausfahrten Allersberg, Hilpoltstein, Greding, Altmühltal und Denkendorf ideal für den mittleren und unteren Teil der Altmühl.
Bahn: Ansbach ist ans IC-Netz angeschlossen. Gunzenhausen, Treuchtlingen, Eichstätt, Saal bei Kelheim und Kinding sind mit Regionalbahnen zu erreichen (www.bahn.de; www.bayern-fahrplan.de).
Bus: Von Anfang Mai bis Anfang Okt. (Sa., So., Fei.) verkehren Freizeitbusse mit Fahrradanhänger der Linie 6010 entlang Altmühl und Donau von Dollnstein bis Kelheim, auf der Linie 6030 von Kelheim über Neustadt an der Donau nach Abensberg (Voranmeldung von Gruppen unter Tel. 0941 6 00 01 22 oder 08458 3 24 90, www.freizeitbusse.de). Die Freizeitbusse mit Fahrradanhänger des Verkehrsverbunds Nürnberg (VGN, www.vgn.de) verkehren von Anfang Mai bis Anfang Nov. (Sa., So., Fei.) mit Anbindung an die Bahnhöfe in Hilpoltstein bzw. Neumarkt i. d. Opf. Der VGN bedient auch das Fränkische Seenland und die Landkreise Weißenburg-Gunzenhausen, Roth und Ansbach. Fahrpläne s. www.bayern-fahrplan.de.
Schiff: Im Unteren Altmühltal verkehren von Mitte März bis Anfang Nov. Personenschiffe von Kelheim auf der Donau bis Kloster Weltenburg und von Anfang Mai bis Anfang Okt. auf der Altmühl bis Riedenburg (www.schifffahrt-kelheim.de). Die Mitnahme von Fahrrädern ist kostenlos. Im Fränkischen Seenland fahren Ausflugsschiffe auf Altmühlsee (April–Nov. tgl., www.altmuehlsee.de) und Großem Brombachsee (www.msbrombachsee.com).

Auskunft

Tourist-Information Romantisches Franken und Naturpark Frankenhöhe: Am Kirchberg 4, 91598 Colmberg, Tel. 09803 9 41 41, www.romantisches-franken.de, www.naturpark-frankenhoehe.de
Tourismusverband Naturpark Altmühltal: Notre Dame 1, 85072 Eichstätt, Tel. 08421 9 87 60, www.naturpark-altmuehltal.de
Tourismusverband Fränkisches Seenland: Hafnermarkt 13, 91710 Gunzenhausen, Tel. 09831 50 01 20, www.fraenkisches-seenland.de
Ferienland Donau-Ries e.V.: Pflegstraße 2, 86609 Donauwörth, Tel. 0906 7 42 11, www.ferienland-donau-ries.de
Infozentrum Nördlingen: Eugene-Shoemaker-Platz 3, 86720 Nördlingen Tel. 09081 2 73 82 20, www.geopark-ries.de

Ermäßigungen

Mit der **Altmühl-Donau-Card** (14,90 €) genießt man in 500 Freizeitanlagen, Restaurants und Geschäften im Landkreis Kelheim, im Naturpark Altmühltal sowie im Bayerischen und Oberpfälzer Wald Vorteile. Man erhält sie beim Tourismusverband im Landkreis Kelheim e.V. (Donaupark 13, 93309 Kelheim, www.tourismus-landkreis-kelheim.de) und bei allen Tourist-Informationen im Landkreis Kelheim, über den Tourismusverband Naturpark Altmühltal in Eichstätt, bei Vorlage der Kurkarte kostenlos in der Tourist-Information Bad Gögging und bei vielen Vermietern kostenlos ab einem Aufenthalt von zwei Nächten.

Essen und Trinken

Die **fränkische und bayerische Küche** kennt viele Fleischgerichte, doch auch Vegetarier kommen in den Wirtshäusern und Restaurants der Region nicht zu kurz. Auf heimische Produkte und Spezialitäten besonders wert legen die bayerischen „Genussorte" Ansbach, Abensberg, Burgbernheim, Nördlingen, Plankstetten, Rothenburg ob der Tauber und Spalt (www.100genussorte.bayern).
Eine Spezialität der fränkischen Küche sind **Bratwürste**. Die Bratwürste der Region sind aber größer als die Nürnberger, bestehen aus fein gehacktem Schweinefleisch und werden mit Salz, Pfeffer, Majoran und weiteren Gewürzen abgeschmeckt. In Ansbach wurde schon 1430 im Stadtbuch festgehalten, dass „drey protwurst sullen ein pfunt wegen" sowie Majoran enthalten sollen. Bratwürste werden entweder knusprig gebraten, dazu isst man Sauerkraut und Schwarzbrot oder auch Schupfnudeln. Oder man lässt sie in heißem Wein- oder Essigsud als „Saure Zipfel" oder „Blaue Zipfel" ziehen, dann werden sie gerne mit Zwiebeln und Schwarzbrot serviert. In Ansbach heißen geräucherte Bratwürste „Schlotengeli", beim „Katzbrot" wird das Bratwurstbrät auf ein Schwarzbrot gestrichen und mit rohen Zwiebelringen und Paprikapulver oder Pfeffer verfeinert. Besonders dicke Bratwürste sind die „Gschwollnen", als „Nackerte" werden sie ohne Haut zubereitet.
Das exzellente Fleisch des **Altmühltaler Lamms** stammt von den Schafherden der Wacholderheiden: Nur ausgesuchte Lokale mit einem grünen „Q" servieren es (www.naturpark-altmuehltal.de/lamm).
Schwein wird gerne als „Schäuferla" aus der Schulter und mit knuspriger Schwarte zubereitet, dazu **Klöße** oder auch Kartoffelsalat, Sauerkraut, Blaukraut oder Weißkrautsalat. Für den beliebten **Wurstsalat** werden Scheiben oder Streifen aus Brühwurst, z. B. Lyoner oder Regensburger, mit Essig, Öl und Zwiebeln angemacht. Beim Schweizer Wurstsalat kommen noch Käsestückchen hinzu.
In ganz Bayern verbreitet ist die **Brotzeit**, eine Zwischen- oder auch Hauptmahlzeit aus einer Wurst- und Käseauswahl, in der Regel mit Schwarzbrot und Butter.
In den Monaten mit „R" kommen vor allem in Franken **Karpfen** auf den Tisch, am bekanntesten die Spiegelkarpfen aus dem Aischgrund. Traditionell wird Karpfen in Hälften gebacken und mit Kartoffelsalat gereicht. Nur wenn die Fische ganz frisch sind, verbiegen sie sich beim Backen zu einem Bogen – so soll es sein. Vor allem im Oberen Altmühltal und im Fränkischen Seenland wird **Obst** angebaut und zu Marmeladen, Schnaps, Wein und Sonstigem verarbeitet. **Kraut** wird hauptsächlich um Merkendorf, insbesondere rund um Abensberg, kultiviert. Südlich von Neuburg an der Donau

Preiskategorien

€€€€	Hauptspeisen	über 20	€
€€€	Hauptspeisen	15–20	€
€€	Hauptspeisen	10–15	€
€	Hauptspeisen	5–10	€

Donaufischer Lothar Ziegler präsentiert stolz seinen Fang.

im Schrobenhauser Land wird **Spargel** gezogen. **Hopfen** aus dem Spalter Land und der Hallertau wird auch als delikate, nussig-süßliche Hopfensprossen als Salat, Cremesuppe oder Rahmgemüse serviert.
Rund ums **Bier** siehe „Zur Sache", S. 52.

Sport

Wandern: Zum Wandern ist das Altmühltal mit rund 3000 km Wanderwegen perfekt. Zu den Highlights gehört der Altmühltal-Panoramaweg (200 km) von Gunzenhausen bis Kelheim (www.altmuehltalpanoramaweg.de). Jakobswege führen nach Rothenburg ob der Tauber und Eichstätt, der Ostbayerische Jakobsweg (148 km) kreuzt den südlichen (www.jakobus-gesellschaften.de), der Frankenweg (520 km) den westlichen und nördlichen Teil der Region (www.frankenweg.de). Der Nürnberg-Altmühltal-Weg (80 km) verläuft von Norden her über Thalmässing bis nach Kinding an die Altmühl hinab, der Main-Donau-Weg von Höchstadt an der Aisch bis Neuburg an der Donau (231 km, www.fraenkischer-albverein.de). Der Limeswanderweg führt von Gunzenhausen bis Bad Gögging (www.limeswanderweg.info), der Urdonautalsteig (69 km) durch das Wellheimer Trockental (www.naturpark-altmuehltal.de).
Radfahren: Die Region ist mit gut 900 km ausgeschilderten Radwegen fürs Radeln ideal. Der Klassiker ist der Altmühltal-Radweg (siehe „Ja natürlich", S. 41), durch den Geopark Ries führt der Radweg Von Krater zu Krater (siehe „Dumont Aktiv", S. 75). Der Limes-Radweg (97 km) verläuft als Teil des Deutschen Limes-Radwegs (800 km) von Gunzenhausen nach Kelheim, von Roth bis Rothenburg führt seit 2019 die 460 km lange Runde des Fränkischen WasserRadwegs zu einem großen Teil durch das Fränkische Seenland und den Naturpark Altmühltal.
Die gesamte Region ist im gemeinsamen **Stromtreter-Projekt für E-Bikes** mit Touren, Lade- und Verleihstationen sowie Reparaturwerkstätten hervorragend erschlossen (Stromtreter, www.stromtreter.de).

Wassersport aller Arten wird im Fränkischen Seenland geboten. In vielen Ortschaften gibt es zudem Frei- und/oder Hallenbäder.
Die Altmühl ist dank ihrer langsamen Fließgeschwindigkeit ideal zum Bootswandern und Kanu- oder Kajakfahren. Der 35 km lange Abschnitt auf dem Main-Donau-Kanal von Töging bis Kelheim ist allerdings nur etwas für Geübte. Die beste Infrastruktur mit zahlreichen Rastplätzen, Zeltmöglichkeiten und Campingplätzen sowie Bootsverleihern bietet die Altmühl zwischen Treuchtlingen und Töging. Unterwegs findet man viele Ein- und Ausstiegsstellen. Im Hochsommer empfiehlt sich, vor einer Tour beim Informationszentrum Altmühltal den Wasserstand abzufragen sowie Zimmer und Boote zu reservieren. Dort kann man auch Pauschaltouren buchen und erfahren, welche Regeln auf der Altmühl der Natur zuliebe unbedingt eingehalten werden sollten. Dazu gehört, die Altwässer nicht zu befahren, Abstand zu Schilf- und Uferzonen zu halten und Boote nur an den ausgeschilderten Stellen einzusetzen bzw. aus dem Wasser zu holen.
Angeln: Wer angeln möchte, braucht einen **staatlichen Fischereischein** (die anderer Bundesländer sind gültig) und für jedes Gewässer einen **Erlaubnisschein**, zu haben beiTourist-Infos, Fischereivereinen, Angelgeschäften, Gaststätten und Tankstellen.
Klettern: Mit Routen der Schwierigkeitsgrade III bis XI ist das Altmühltal ein hervorragendes Kletterrevier. Bekannte Gebiete sind Konstein/Aicha (südl. Dollnstein), Dollnstein und Prunn/Essing. Eine Broschüre zum Thema Klettern kann man unter www.naturpark-altmuehltal.de herunterladen. Nähere Informationen erteilt der Deutsche Alpenverein unter www.felsinfo.alpenverein.de (Region Südlicher Frankenjura).
Hochseilgärten gibt es bei Kelheim (hochseilgarten-kelheim.de), Pappenheim (www.waldklettergarten-pappenheim.de), Beilngries (www.altmuehltaler-abenteuer park.de) und am Iglsbachsee (www.enderndorf.abenteuer-wald.com).
Golfplätze finden sich in Colmberg (www.golf-ansbach.de), Beilngries (www.altmuehlgolf-beilngries.de), Abenberg (www.golfclubabenberg.de) und auf Gut Lederstatt nahe Harburg (www.gc-donauwoerth.de).

Info

Daten & Fakten

Landesnatur: Die beschrieben Region beginnt in Rothenburg ob der Tauber im Westen, die südliche Begrenzung bildet die Donau. Nördlich davon liegen die Schwäbische und die Fränkische Alb mit Höhen von 500 bis 600 m, dazwischen der Rieskrater mit etwa 25 km Durchmesser. Die Altmühl entspringt auf der Frankenhöhe auf rund 450 m, schlängelt sich durch das Fränkische Seenland, durch die Fränkische Alb bis Dollnstein und bei Dietfurt in den Main-Donau-Kanal, der in Kelheim in die Donau mündet. Durch die Region zieht sich die Europäische Wasserscheide Nordsee–Schwarzes Meer über die Frankenhöhe, durch die Scheitelhöhe des Main-Donau-Kanals und über die Fränkische Alb.
Von ihrer Quelle bis Ansbach durchfließt die Altmühl den ca. 1100 km² großen Naturpark Frankenhöhe, ein sonnenreiches Gebiet mit Mischwäldern und Streuobstwiesen. Ab Gunzenhausen durchquert sie den 2967 km² großen Naturpark Altmühltal, der in Nord-Süd-Richtung einen Großteil der Fränkischen Alb umfasst und sich in West-Ost-Richtung zwischen den Großräumen Nürnberg und Regensburg erstreckt. Rund die Hälfte des Naturparks ist mit Mischwäldern bewachsen; charakteristisch sind Felsformationen, Karsthöhlen, Feuchtwiesen, Wacholderheiden und Trockenrasen.
Bevölkerung: Der Großteil des Gebiets liegt in Mittelfranken, das auf 7245 km² ca. 1,75 Mio. Einwohner (242/km²) zählt (Bayern ca. 13 Mio. und 70 550 km², d.h. 184/km² Einw.). Die hohe Bevölkerungsdichte erklärt sich durch den Großraum Nürnberg. Die Frankenhöhe und das Fränkische Seenland sind dünner besiedelt. Der 1214 km² Landkreis Eichstätt hat 132 000 Einwohner (108/km²).
Wirtschaft: Die Region ist ländlich geprägt, ein großer Wirtschaftsfaktor ist der Tourismus. Neben Tagesbesuchern zählen das Fränkische Seenland jährlich rund 1 Mio. und der Naturpark Altmühltal ca. 1,4 Mio. Übernachtungen. Die Region profitiert von den Wirtschaftsräumen München–Ingolstadt, Nürnberg, Regensburg und Augsburg. Neben der Faserindustrie in Kelheim sind weitere Standbeine Metallbearbeitung, Natursteinindustrie, Kunsthandwerk und Brauereibetrieb.

Info

Geschichte

vor 15 Mio. Jahren: Durch einen Meteoriteneinschlag entsteht das Nördlinger Ries.
vor ca. 13 000 Jahren: In der Großen Ofnethöhle werden 33 Menschen bestattet.
8.–1. Jh. v. Chr.: Kelten errichten um 750 bis 450 v. Chr. Wallsysteme auf dem Ipf bei Bopfingen; 3.–1. Jh. v. Chr. das Oppidum Alkimoennis auf dem Michelsberg bei Kelheim.
1.–3. Jh. n. Chr.: Römische Ära. Unter Kaiser Domitian (86–96) Baubeginn des Limes, Kastelle in Weißenburg und Pfünz.
4.–7. Jh.: Im westlichen Teil des Gebiets lassen sich Franken nieder, im östlichen (ab Beilngries) Bajuwaren.
617: Gründung des Klosters Weltenburg
Um 745: Gründung des Bistums Eichstätt
793: Bau des Kanals Fossa Carolina zwischen Altmühl und Schwäbischer Rezat
1305: Bistum Eichstätt besitzt ein geschlossenes Territorium an der mittleren Altmühl.
1331: Hohenzollern regieren das Fürstentum Ansbach bzw. Markgraftum Brandenburg-Ansbach bis 1791/92.
1525: Schwäbisch-fränkischer Bauernkrieg. Die Reformation findet viele Anhänger.
1618–1648: Dreißigjähriger Krieg. Zerstörungen und Bevölkerungsdezimierung in weiten Landesteilen.
1806: Das Königreich Bayern erhält nach dem Wiener Kongress Franken.
1833: Im Hofgarten von Ansbach wird Kaspar Hauser erstochen.
1846: König Ludwig I. eröffnet den Ludwig-Main-Donau-Kanal („Alter Kanal"). Er verbindet auf 172 km Donau und Main. Durch die Industrialisierung wird Franken zum wirtschaftlichen Motor Bayerns.
1861: Bei Solnhofen wird das erste vollständige Skelett eines Archaeopteryx gefunden.
1933–1945: Die jüdischen Bürger aus der Region werden vertrieben oder ermordet.
1969: Naturpark Altmühltal gegründet
1974: Naturpark Frankenhöhe gegründet
1989: Gründung der Uni Eichstätt-Ingolstadt
1992: Der letzte Abschnitt des Main-Donau-Kanals bei Beilngries wird geflutet.
2000: Das Wasserwirtschaftsprojekt Fränkisches Seenland ist abgeschlossen.
2005: Der Obergermanisch-Raetische Limes wird zum UNESCO-Weltkulturerbe ernannt.
2009: Bei Kelheim wird das am besten erhaltene Saurierskelett Europas gefunden.
2019: Der Nachweis gelingt, dass der bei Mörnsheim gefundene *Alcmonavis poeschli* ein bislang unbekannter Cousin des Archaeopteryx ist.

Unterkunft

Preiskategorien

€ € €	Doppelzimmer	über 150 €
€ €	Doppelzimmer	100 – 150 €
€	Doppelzimmer	50 – 100 €

Hotels: Abgesehen von Städten überwiegen in der Region einfache und Mittelklassehotels und Unterkünfte in Gasthöfen. Vor allem in Eichstätt, Kelheim und im Fränkischen Seenland verwöhnen auch einige Wellnesshotels. „Zu Gast im Denkmal" ist man im Naturpark Altmühltal in besonders stimmungsvollen historischen Unterkünften (www.naturpark-altmuehltal.de).
Auf den Infoseiten finden Sie eine Auswahl an Hotels.
Camping: Die gesamte Region ist mit Campingplätzen (www.camping-in-bayern.info) und Stellplätzen für Wohnmobile (www.stellplatz.info) sehr gut ausgestattet.
Jugendherbergen gibt es in Eichstätt, Gunzenhausen, Kelheim und Rothenburg ob der Tauber (www.bayern.jugendherberge.de).

Urlaub erinnern…

Jeder Urlaub geht einmal zu Ende – was bleibt, sind die Mitbringsel, aber auch die Erinnerungen an Land und Leute, an Aromen und Düfte und an manche Kuriosität.

GEHT AUCH ZU HAUSE

Auf der Vogelinsel im Altmühlsee hat man gute Gelegenheit, eine groé Vielfalt von Vogelarten zu beobachten. Das Gebiet hat mich so beeindruckt, dass ich mittlerweile überall Ausschau nach Vögeln halte – und entdecke selbst mitten in der Stadt immer mehr Arten.

STEINREICH

Zwar ist das Altmühltal eine unglaubliche Fundgrube für Fossilien, doch selbst danach im Besuchersteinbruch zu klopfen, klappt nicht immer. Zum Glück gibt's Läden, die Fossilien verkaufen. Der klassische Jurastein ist auch ein schöner Dekoartikel und perfekt als Untersetzer geeignet. Die hübschen Souvenirs bekommt man in Beilngries bei Metz & Stelzle (https://deinfuetzl.de).

LONELY GEORGE'S VERWANDTSCHAFT

Lonely George ist einfach rührend. Seit gut 30 Jahren kommt die Fledermaus alljährlich in die Tropfsteinhöhle Schulerloch bei Essing. Eine einsame Große Hufeisennase, die man für die letzte ihrer Art hielt – bis man rund 50 Kilometer entfernt die Verwandtschaft in Hohenburg entdeckte. In ihrem betreuten Fledermaushaus sorgt eine Webcam für Fledermaus-Reality-TV in der letzten Wochenstube der Großen Hufeisennase in ganz Deutschland – und ich schau gerne zu, wie sich alle an der Decke hängend aneinanderkuscheln (www.lbv.de).

SPORTLICHES NEULAND

Versprochen. Wenn ich das nächste Mal im Fränkischen Seenland unterwegs bin, dann werde ich übers Wasser laufen! Wo? Am Altmühlsee, dort vermietet das Seezentrum Wald Kajaks und SUPs – und veranstaltet Aqua Zorbing: In durchsichtigen PVC-Kugeln kann man wie der Hamster im Rad direkt über den See marschieren. Ein großer Spaß, aber gar nicht so einfach (www.belebnisse.de).

MUSIK VON GLUCK UND CO.

In Berching habe ich für mich die Musik von Christoph Willibald Gluck entdeckt. Seitdem höre ich wieder mehr klassische Musik – und genieße es in vollen Zügen. Zum Glück ist das überall, und nicht nur unterwegs im Altmühltal, möglich.

FILZ-KUNSTWERKE

Das Altmühltal ist berühmt für seine Schafwirtschaft, naturgemäß fällt damit auch Wolle zum Verarbeiten an. Besonders gut gefällt mir das moderne Filzdesign, auf das Carola Langscheid und Dunja Bauer-Knopp spezialisiert sind. In ihrem Atelier Zwirn & Zwille in Eichstätt fertigen sie geschmack- und kunstvolle Kreationen als Unikate oder in Kleinserie an. Wer will, kann auch Designs in Auftrag geben (www.zwirnundzwille.de).

»EINE SCHÖNE GARTENWIRTSCHAFT, PERLENDES BIER MIT SCHAUMKRONE, DAS IM SONNENLICHT GOLDEN LEUCHTET. FÜR MICH ENTSPANNUNG À LA ALTMÜHLTAL.«

Barbara Rusch, Autorin

OBST- UND KRÄUTERAROMEN

Auf den Wochenmärkten im Altmühltal stapeln sich die heimischen Obstsorten, und auch viele Kräuter gehören zum Angebot. Ich mag mich das ganze Jahr an das aromatische Sommer-Feeling erinnern und hole mir dazu zum Beispiel die Essige, Liköre und Sirups aus Brigitte Zinsmeisters Kräutermanufaktur auf den Tisch (www.kraeutertreff de).

GREEN FÜR ALLE

Keine Platzreife, keine teure Ausrüstung und mitmachen darf jeder: Swingolfen ist quasi „Volksgolfen" und für jeden erschwinglich. Bei Freizeit & Sport in Paulushofen geht es nach kurzer Einführung direkt auf den 18-Loch-Platz, auch als ausgesprochener Nicht-Golfer. Eine völlig unversnobte Riesengaudi. Seitdem verstehe ich auch den Spaß am „richtigen" Golfen (www.freizeitsport-paulushofen.de).

WACHOLDERWÜRZIG

Meine Großmutter hatte stets Wacholderbeeren in der Schürzentasche, die sie als Würze verwendete und als Heilmittel gegen allerlei Zipperlein kaute. Im Gegensatz zu allen anderen Teilen der Sträucher darf man die schwarzblauen Beeren pflücken. In meinem Gewürzschrank haben Wacholderbeeren einen festen Platz – und erinnern mich mit ihrem Aroma an meine Oma und an sonnige, duftende Tage im Altmühltal. Funktioniert im Übrigen auch in Form von Gin aus dem Nördlinger Ries oder Wacholderlikör.

AUSBLICKE

Auch das ist für mich mit dem Altmühltal und mit schönen Erinnerungen verbunden: Immer wieder der Blick von markanten Felsen und uralten Burgen ins Flusstal. Ich fühle mich dann über die Zeit hinweg sofort mit den Menschen verbunden, die hier vor Hunderten und Tausenden Jahren über die Landschaft schauten. Zum Glück kann ich meinem Drang zu Plätzen mit Aussicht auch andernorts nachgehen – aber im Altmühltal nun mal besonders gut.

REGISTER

Fette Ziffern verweisen auf Abbildungen

Impressum

2. Auflage 2021

Verlag: DuMont Reiseverlag, Postfach 3151, 73751 Ostfildern, Tel. 0711/4502-0, Fax 0711/4502-135, www.dumontreise.de
Geschäftsführer: Dr. Stephanie Mair-Huydts, Markus Schneider
Programmleitung: Birgit Borowski
Redaktion: Frank Müller (red.sign, Stuttgart), Dina Stahn
Text: Barbara Rusch
Exklusiv-Fotografie: Ernst Wrba
Titelbild: huber-images/Reinhard Schmid
Zusätzliches Bildmaterial: S. 18/19 laif/Stefan Volk, 22 o. Shutterstock (Illustration), 24/25 huber-images/Reinhard Schmid, 46 r. DuMont Bildarchiv/Georg Knoll, 70 o. Shutterstock (Illustration), 98 o. r. DuMont Bildarchiv/Ralph Lueger, 106 o., 107 o. und u. l. laif/Hans-Bernhard Huber, 114 o. Dover Publications (Illustration), 120 l. mauritius images/Martin Siepmann, 120 r. mauritius images/Alamy/Jon Sparks, 121 o. l. mauritius images/BY, 121 o. r. mauritius images/Alamy/Pixel-shot, 121 M. huber-images/R. Schmid, 121 u. lookphotos/Thomas Stankiewicz
Grafische Konzeption, Art Direktion: fpm factor product münchen
Cover-Gestaltung, Layout: CYCLUS · Visuelle Kommunikation, Stuttgart
Kartografie: © MAIRDUMONT GmbH & Co. KG, Ostfildern
Kartografie Lawall (Karten für „Unsere Favoriten")
DuMont Bildarchiv: Marco-Polo-Straße 1, 73760 Ostfildern, Tel. 0711/4502-0, bildarchiv@mairdumont.com

Anzeigenvermarktung: MAIRDUMONT MEDIA, Tel. 0711/4502-0, Fax 0711/4502-1012, media@mairdumont.com, http://media.mairdumont.com
Vertrieb Zeitschriftenhandel: PARTNER Medienservices GmbH, Postfach 810420, 70521 Stuttgart, Tel. 0711/7252-212, Fax 0711/7252-320
Vertrieb Abonnement: Leserservice DuMont Bildatlas, Zenit Pressevertrieb GmbH, Postfach 810640, 70523 Stuttgart, Tel. 0711/7252-265, Fax 0711/7252-333, dumontreise@zenit-presse.de
Vertrieb Buchhandel und Einzelhefte: MAIRDUMONT GmbH & Co KG, Marco-Polo-Straße 1, 73760 Ostfildern, Tel. 0711/4502-0, Fax 0711/4502-340
Reproduktionen: PPP Pre Print Partner GmbH & Co. KG, Köln
Druck und buchbinderische Verarbeitung: NEEF + STUMME GmbH, Wittingen
Printed in Germany